humanities

ヒューマニティーズ

教育学

広田照幸
Hirota, Teruyuki

岩波書店

はじめに

私と同世代の教育学者に、田中智志という人がいる。とても才能豊かで器用な人である。教育思想に関する最先端の研究をやりながら、私立小学校(山梨学院大学附属小学校)を自分で作って、そこの校長もやっている。その田中さんが、たった独りで「教育学事典」を書いた(『教育学がわかる事典——読みこなし使いこなし活用自在』)。実に驚くべきことである。しかも、とてもよい本に仕上がっている。「あれだけたくさんの広範な項目を、よく独りで書きましたね」と水を向けてみたら、「いやー他の人に執筆を頼むのが面倒だから、自分で全部書いちゃったよー」と言っていた。面白い人だ。

ここで紹介しておきたいのは、その田中さんが描いた、現代の教育学の細かな分野の分布図である(図1)。

教育学は、たくさんの学問分野に分かれていることがわかる。しかも、その分野の名前を見ていくと、教育学の外にあるいろんな諸学問と関わりがありそうな分野が、たくさんあることもわかる。後発学問の教育学は、他の分野から理論や方法を借りてきて成立してきた歴史がある。たとえば教育哲学は哲学という学問と関連がある。教育社会学は社会学と、教育心理学は心理学とつながって

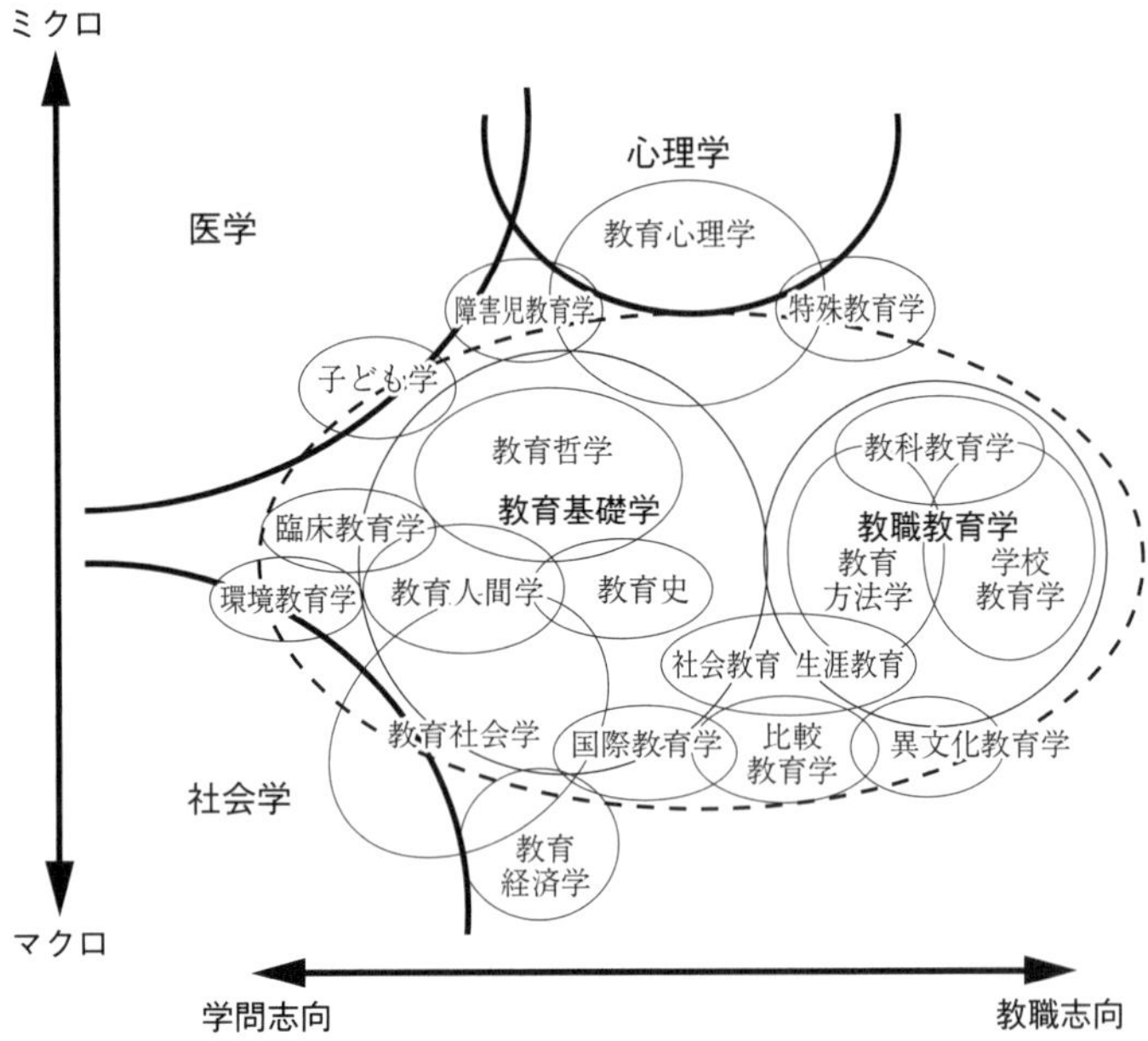

図１　教育学（教育諸科学）の分布図（田中智志『教育学がわかる事典』より）

いる。

「だから教育学は寄せ集めの学問にすぎない」ということもできる。しかし、逆に、「教育学は、たくさんの人文・社会科学の組み合わせが必要な学問だ」とみることもできる。もっと積極的にいうと、教育について学問的に考えようと思ったら、実は多様な入口（関心）や、多様な出口（深めていくべき方向）があるのだ、というふうに考えたい。

しかしながら、教育学の中がこんなに細分化されていると、教育それ自体の全体像が見えなくなる。教育方法だけに関心を持っていると、教授技術がすべてであるかのような視野狭窄に陥ってしまうし、教育学全体を考えないで教育社会学をやっていると、専門バカになってしまう。

教育学をこれから学びたいと思っている人も、教育学を見直してみたいと思っている人も、一つひとつの細分化された専門領域の問題に閉じこもるのではなく、「教育を全体としてどう考えたらよいのか、教育学を全体としてどういう知として考えたらよいのか」といったことに注意を向けてほしい。そう思って、この本を書いた。

教育はこの二〇〇年の間に、社会全体の根幹に関わる巨大な装置として発展した。公教育制度という社会装置である。誰もが学校に行き、教育を受け、一人前になっていく——そういう社会になった。教育学は、その公教育制度の普及とともに発展してきた。何よりも「教師を養成するための知」として発展してきたからである。ただし、単なる教師養成の技術知としてではなく、人間や社会のあり方を深い次元で見つめ直し、社会の組み立て方や人間の生き方に示唆を与える学問としても発展してきた。その意味で、教育学は、総合人間科学でもあり、総合社会科学でもある。

とはいえ、自然科学における物理法則的な知とちがって、教育学の知は基礎づけが不安定で、累積性も乏しい。その理由は後の章で述べることになるが、ともかく現実的にはそういう知である。われわれが自分の人生でたくさんの失敗をしてしまうのと同様に、教育学もこれまでたくさんの失敗をしてきた。ナチズムや軍国主義の教育がそうであり、混乱や分裂をはらんで挫折した、たくさんの教育運動がそうである。いや、日々われわれは、教育に失敗している。よかれとおもってしたことが裏目に出たりするのが教育である。この話も後の章であらためて述べる。

教育学はそうした危うい実践を、何とかよりよい方向で進め、よりましなものにしようとする知である。図1のたくさんの個別分化した下位分野は、教育をよくしようとする知には、たくさんの対象やアプローチがあるということを物語っている。

しかしながら、果たして「よりよい方向」とか「ましなもの」とは、いったい何なのか。「子どもの笑顔がゴールです」などという実感主義や体験主義は、学問的な知からはほど遠い。それは、私に言わせると思考停止である。また、一九九〇年代のポストモダン論の隆盛の結果、われわれは普遍的な価値を教育学的思考の基礎におくことができないことがはっきりしてしまった。誰もが納得せざるをえないスタートの地点がない、ということが明瞭に自覚されたのである。さらに、一九九〇年代から浮上してきたグローバル化の流れは、日本の社会の先行きを不透明さの中に落とし込んだ。思考の原点もふらついているし、社会も不安定になっている。そうした中で、「よりよい教育」が果たしてどう語れるのか、という問題にわれわれは直面している。

われわれは、希望を持って教育学を語れるのか。本書は、教育学を勉強してみたいという人のための手引きの書として書かれたと同時に、教育学をすでに学んできた人に問題提起をしたいと思って書かれている。知識の程度によって、読み方がちがうだろう。著者としては、多様な読者の方に、多様な読み方をしていただければ、と思っている。

目次

ヒューマニティーズ　教育学

装丁　桂川　潤

一、教育論から教育学へ——教育学はどのように生まれたのか?

(一) 誰でもしゃべれる/誰でもやれる教育?

よく言われることだが、教育についての主題には、誰でもそれなりの意見や見方をもっている。われわれはみな、生徒・学生として教育を受けてきた経験がある。だから、自分の経験をふまえると、誰でも教育についてなにがしかの見解をしゃべれるような気になることができるのである。

居酒屋なんかでたまたま隣り合わせになった、見ず知らずの人がもちだしてくるネタとしては、天気とスポーツに次ぐ、三番目ぐらいの人気ネタのような気がする。ただ、「いやー、今の教育は××ですよねー」などと話しかけられたりすると、私のように教育学の端くれで研究している者は困ってしまう。「実は私は教育学者です」と名乗って論争を始めるわけにはいかない。だが、だからといって、下手に「そうですねー」などといいかげんな相づちを打つのも気分が悪い。専門家としてなさけない気がする。しかも、ひょっとして後でお互いの仕事の話になったりしたら、メチャクチャ気まずくなってしまうだろうし……。

最近の教育改革における議論の中では、誰でも教師がつとまるかのような主張をする議論もはびこっている。「今の教師は質が低い。だから、社会人からもっと自由に教師になれる仕組みを作れ」といった議論である。そう言いたくなる気持ちはわからないでもない。全国に約一〇〇万人も教員はいるのだが、格段にすぐれた資質や能力をもった者ばかり採用されているわけでもない（その程度の待遇なので）。また、長年の勤務の中でやる気も向上心も失ったダメ教師がいることも確かである。しかし、だからといって、今の勤務条件や待遇で、社会人としての経験が豊かで教師の資質と能力に富んだ人材を、外部から何十万人も集めることができるとは、とうてい思えない。

ともかく、教育については誰でも議論ができてしまうし、教師の仕事は誰にでもやれそうだ、というムードがある。もしもそうであれば、教育学なんか学ばなくたって大丈夫だ、ということになってしまう。

もう一方で、現場の教師の方々と話をすると、「教育学は役に立たない」という声を耳にすることになる。「大学で教えられる教育学は、教育現場で使えない」というのである。教員養成に関する近年の改革では、日々の実践をうまくこなす技術といった方面にばかり、力点が置かれている。まるで、テクニックやスキルをしっかり習得することが教員養成の最重要事項であるかのような扱われ方である。教育学における学理的な分野の知は、どうも軽視されている。

確かに、教育哲学や教育史の分野に出てくる、過去のさまざまな人物や制度を、教員採用試験のために丸暗記したって、日々の教育実践に直接に役立つわけがない。それはその通りだ。教育社会学のオタクっぽい概念や理論などを覚えたって、毎日の教室での授業で子どもたちに向かってそれを話せるわけでもない。子どもの発達に関する心理学的な実験の結果を教わっても、どうも些末なものに感じられる。そんなことよりも、職員室には日々の実践をこなすためのノウハウが培われているし、目の前には生きた現実の子どもたちがいるじゃないか——そんな感じである。

では、学問としての教育学は学ぶ必要はないし、そもそも社会の役に立っていないのか。そうではない、という話を本書ではしていくことになる。つまり、教師になる人はもちろんのこと、もっと多くの人に学ばれるべきであり、社会の役に立ってきている、ということである。

いや、このように書いたら、いささか単純すぎる。二つの補足が必要であろう。

一つは、大学で学ばれる教育学の学習のされ方が、まだ不十分だということである。せっかく学んだ人でも、教育学の本当の面白さや重要性にたどりつく前の段階にとどまっている人が大半であるように思われる。たとえば、教員採用試験に向けた準備や、大学での単位取得のために教育学が学ばれてしまうために、教育学のさまざまな事項が、表層的で断片的な記憶という程度にとどまっているのだ。

本当は、ペスタロッチという人名が示されたときに彼の主要業績を答えられる、といったことが重要なのではない。ペスタロッチがどういう意味でわれわれが教育を考える上での重要性をもっているのかについて、理解しておくことが重要なはずなのである。というのも、教育哲学や教育史の授業で学んだことは、より深い洞察やより詳細な考察を行っている本や論文を読みこなすとき、初めて生きることになるからである。同様に、大学で学ばれる教育社会学の概念や理論は、それを使って現代の教育を分析した、より高度なレベルの文献を読みこなすときに初めて意義をもつことになる。大学で教育心理学を学んでおくと、後になって最新の発達研究についての本を買って学ぼうとするとき、とても役に立つ。

つまり、大学で学ぶ教育学は、そこで終わりなのではなく、教育についての洞察を深めるためのさらなる学習の、初歩や基礎にすぎないのである。「大学で教えられる教育学は、教育現場で使えない」という声は、学問を自動車の運転技術などと同列でみてしまっている。そういう声は、教師になった人たち(なる人たち)の多くが、大学を離れた後、教育学のすぐれた最新の知的探求とは縁遠い教職生活をしていることを物語っているのかもしれない。つまりまともな教育学の本を読んでいないということだ(そうでない教師の人もごくわずかにいることはいるのだが)。もしもそうだとすると、教育学者として残念でならない。

もう一つは、教育学を学ぶ必要性や社会の役に立っているかどうかは、教室で使えるノウハウのような技術的な有用性の問題ではない、ということである。この点は第二章以降で論じるので、ここではごく簡単に述べておく。

きちんと考えていくと、教育という事象は、思いのほか複雑で難しい営みである。善意に基づいた教育が、結果的に当初の意図とはまったく異なる結果を生んでしまうこともある。教育制度や教育政策のデザインでも同様に、思いがけない結果に悩まされている。よかれと思ってなされる教育改革が、教育の現実にかえって深刻な問題を生んだりしてきているのである。教育は、他者の人生に介入する営みである。だから、うまくいけば相手に感謝されることだろうが、望ましくない影響を他者に及ぼすとすると、それはおぞましいものでもありうる。意図通りにはいかないし、他者の人生に悪影響を及ぼすことにもなりかねない――だからこそ、複雑さや難しさを理解しておく必要がある。

そこで、正確にいうと、本書では、そうした教育という営みがもつ固有の複雑さや困難さにふれながら、教育を学問として知的に探求することの個人的・社会的意義を説くことになる。そこでは当然のことながら、教育学がもつ限界や危うさにもふれることになる。教育学は、歴史の浅い学問である。研究の未熟さのために解けていない問題も多いし、原理的に解けないたぐいの問題に悩まされている部分もある。また、そうした限界だけでなく、社会の現実との関連で、危うい機能を果たしてしまうことだってある。教育学は、「人間の本来的平等」を教える教育を広める役割も果たしうるが、「人種や性による根本的な優劣関係」を教える教育を正当化することだってできる（できた）。真理と誤謬の境目、善と悪との境目のきわどいところで、教育学は知的探求をしてきている。その微妙さも読者の方々にわかっていただければ、と思っている。

(二) 教育とは何か

定義の問題

では、教育学が考察の対象とする「教育」という事象は、いったいなんだろうか。教育という概念を定義しようとする試みや、教育という事象の本質を言語化しようとする試みは、これまで山ほどなされてきた。その一つひとつをたどることは、ここではしない。

むしろ、これまでの試みにおいて、おうおうにして含まれてきた問題点を指摘しておきたい。それは、「教育とはかくあるべき」という期待や願望を、教育の定義(「教育とは何か」)の中に盛り込んでしまうという方法的態度である。たとえば、「教育とは、発達の筋道に沿った望ましい方向に向けて、子どもたちの可能性を引きだす援助の営みである」という「定義」のような例を、思い浮かべてみてほしい。立派な教育学説と呼ばれるものや、高名な教育実践家や理論家が書いたものにも、この種の定義が溢れている。

こういう定義に従えば、教育は無条件に望ましいものである、という結論が導かれることになる。子どもたちの可能性を引きだすのであるし、しかも、それは「援助」なのだ。だから、誰からも文句が出るはずがない。

教育の価値や意義を強調したい人たちにとっては、この種の定義ははなはだ都合がよろしい。

「教育とはそもそもすばらしい営みなんですよ」と主張できて、いろんな人からの協力や賞賛が得られて、本人も気分がいい――「ああ、教育はすばらしい」と。

だけれど、学問としてきちんと教育を研究・考察しようとすると、この種の定義は、どうも都合が悪い気がする。「望ましい方向」とはいったいどういう方向なのだろうか。教師が「望ましい」と思っていたとしても、他の大人や当の子どもたちにとっては、ちっとも望ましくない、といったことはありえないのか。また、「援助」というのはいったい何なのか。「明日までに、問題集の問題を二頁やってこい！」と命じるのは、「援助」なのか。「オマエ、頭髪が校則違反だぞ！」というのは「援助」なのか。

この種の定義をしてしまうと、一つには、客観的な分析や考察と主観的な評価との区別が付かなくなってしまう。定義が価値を含んでしまうからである。よい教育と悪い教育とが自動的に(硬い言い方では「先験的に」)決定されてしまう。それどころか、「○○は教育ではない」という言い方で、ただ批判するためだけの議論になってしまう。「ナチスの戦争遂行のための教育は、教育ではなかった」とか、「進学競争に翻弄される今の高校教育は教育ではない」といった言い方である。また、「現代の学校は子どもたちを望ましい方向に導いていない」と考える人には、現代の学校にはどこにも教育がない、という話になってしまう。いや、それどころか、期待や願望に基づいてあまり狭く「教育」を定義してしまうと、「私が考える「教育」」は、これまでの人類の歴史には現実には存在してこなかった」といったことすら起こってしまう。教育学が考察すべき対象は、この世の中のどこにも存在してこなかった、というおかしな事態が生まれてしまうことになるのである。

この種の定義には、もう一つ問題点がはらまれている。定義が狭くなってしまうということである。特定の期待や願望が盛り込まれた「教育」の定義は、教育に関わる多面的な現象の総体をうまくカバーできなくなってしまうという問題を抱えるのである。

たとえば、「教育とは道徳性を陶冶する営みである」というふうに定義してしまうと、道徳性とは無関係な知識や技術を教える行為は、「教育とは無関係」と切り捨ててしまうことになりかねない(実際、一九世紀のヘルバルト派の議論では、このような意味での「非教育的教授」という語があったそうだ)。同様に、「教育とは、子どもに自分を発見させる営みである」というふうに、「教育」という語を定義した人がいたとしたら、単に九九を覚えさせることや、大人を相手にした社会教育とかは、「教育とはいえない営み」に映ってしまうだろう。

だから、教育の定義がその人の期待や願望を反映したものにとどまっているかぎり、現実の教育をみていく目は曇ってしまったり、偏ってしまったりする危険性を帯びているのだ。

他者への働きかけ

「教育＝よいもの」という前提を取っ払ってみたらどうだろうか。「教育」という語をもっとドライな意味あいで定義しておいて、そして、その中に、何らかの基準に照らしてよい教育／悪い教育がともにありうる(もっと正確にいうと「よい教育」―「つまんない教育」―「悪い教育」というグラデーションがある)、と考えたらどうだろうか。

ここでは、そういう立場に立って、「教育」という語を、仮に定義しておくことにしよう。「教育とは、誰かが意図的に、他者の学習を組織化しようとすることである」というふうに。「教育とはかくあるべき」という期待や願望をできるだけ取っ払った、ドライな定義である。なお、この定義に従えば、周囲の環境からいつのまにか学んでいる、といった学習は、「教育」には含まれない。ただし、子どもの環境を親や教師が教育的意図に基づいて準備するような場合は、それは「教育」であるということになる。子どもが自発的に周囲の環境から学習したとしても、そこには親や教師の周到な配慮が働いているからである。

この定義で大事なポイントは、「他者」である。すなわち、教育は他者に対してなされる行為だ、ということである。「教育」と「学習」の決定的なちがいはここにある。「学習」が個人内部で起きる出来事であるのに対して、「教育」は他者に対する働きかけなのである(「自己教育」という言葉もあるけれど、それはほとんどの場合、自己学習や独学をもっともらしく言い換えただけのものにすぎない)。

自分ではない誰かに対して、ある学習をさせようとするわけだから、そこでは、教育しようとする側の「教育」には、常に教育される側の「学習」がセットになって想定されている。「教育」には「学習」が必要なのだ。

しかしながら、その逆は真ではない。「学習」には、必ずしも「教育」が必要なわけではないのである。肉親の死からわれわれは多くのことを学ぶ。でも、教育のために肉親が死ぬわけではない。インスタント・ラーメンの作り方を私が子どもに教えたわけでもないのに、うちの子どもたちは勝手に作り方を覚えて、夜中に食べている。そんなものだ。「教育」がなくても、私たちは「学習」が可能なのである。

それどころか、現実には、教育される側(以下、「被教育者」とか「生徒」と呼ぶ)は、教育をやり過ごしたり、無視したりすることができる。教育は行われるが学習が生起しない、という状態である。その場合、教育する側(以下、「教育者」とか「教師」と呼ぶ)の意図は実現しない。授業中に私語をするとか、居眠りをするといったふうに、目にみえる場合もあるし、「教師の方を向きながらも、ぼーっと別のことを考える」といった、一見しただけではわからない場合もある。

教育は他者に向けてなされる。だから、その他者が教育する側の意図通りに学んでくれるかどうかは定かでない。いかにすれば、教育者が考えるような学習を、他者(被教育者)がしてくれるのか。この、「教育する」を「学習する」に結びつけるためには、何をどうすればよいのかについての模索こそが、教育学の展開の本流の一つをなしてきている。この点は第三章で改めて論じる。

「教育」という視線の次元

しかし、仮に「誰かが意図的に、他者の学習を組織化しようとすること」が存在したとしても、それを「教育」という言葉でひとくくりに表現する思想が出てこないと、教育学は成立しない。せいぜい、単なる「技」や「技術」にとどまることになる。

考えてみると、いざ実際に何かを教えている場では、「教育」という語は出てこない。その場にあるのは、たとえば、ある漢字の書き方はこうしろという指示や、世界の経済は今こうなっているのだといった説明であったりする。実際に起きていることは、常にもっと具体的な何か、なのである。国語の教師が、ある漢字の書き方を教えながら、「この漢字の習得についての教育は……」と説明を加えたとしたら、生徒たちは混乱してしまうだろう。

だから、「教育」という語で何かを語りうるのは、その関係のまっただ中から少し引いた地点においてである。「誰かが意図的に、他者の学習を組織化すること」に関して、その行為や関係に没入するのではない地点に退くこと。そして、その一歩引いた地点で、何かを語ろうとすると――何がなされたのか、今何がなされているのか、これから何がなされるべきか、といったことなど――そこで初めて、それらが「教育」という語で形容される、ということである。直接観察される事態は、「ある漢字を教えている」といったことである。事態に没入している教育者は、確かに漢字を教えている。だが、それをもう一段抽象度の高いレベルで事態を記述する認識の枠組みを設定すると、その事態は「教育をしている」というふうに言い表すことができるわけである。

言い換えると、知識の伝授であれ、人格への働きかけであれ、その相互行為に没入するのではなく、当人であれ別の人であれ、それを反省的(第三者的)に認識の対象として眺めたときに初めて、それが「教育」と呼ばれるのだ、ということである。硬い言い方をすると、目の前の出来事を別の次元で概念的にとらえ直そうとする「メタ思考」の次元の言葉なのである。誰かが何かを教えている(学ばせようとしている)として、そういうさまざまな事例に通底した共通の属性を表現しようとしたとき、「教育」という語でくくられるものが浮かびあがってくるのである。

だから、そういう反省的な思考が本格的になされなかった間は、「教育」という言葉は存在しなかった、ということができる。

そもそも、人類の過去の長い間は、多くの人は生まれ落ちた集団の中で、ふだんの生活を通した学習で、いつのまにか必要なことを学んでいた。いつのまにか言葉を覚え、いつのまにか労働の仕方を覚え、いつのまにか人づきあいのルールを学ぶ、といったふうである。「学習」があって、「教育」がない社会である。

身のまわりの日常生活自体から、子どもたちはさまざまなものを学ぶ。それを、ドイツの教育学者、モレンハウアーは、「提示」(Präsentation)という語で表現している(『忘れられた連関——〈教える-学ぶ〉とは何か』)。大人と子どもとがいっしょの場で生きることによって、大人が大人自身の生活形式を子どもたちに対して提示する——それを子どもたちは学習する、というのである。「生活形式」というのはなじみのない言い方だが、生きる上での技術・技法や世界解釈の仕方など生き方全般を指すと考えておけばよいだろう。農民や漁民、商人など、大多数の庶民は、長い世代にわたって、意図的な教育はなくても、子どもたちは一人前になることができた。大人たちの生活の場に生まれ育ち、大人たちの生活形式から、知らず知らずのうちに必要なことを学んでいったからである。

とはいえ、第一に、当然そうした中においても、「教える」という行為は、はるか昔からあっただろう。食べられる草の見分け方とか、チーズの作り方とか、魚の捕り方など、年長者が身ぶりや言葉を通じて、年少者に意図的に何かを学習させるということは、きっとあっただろうと想像できる。また、人類学における通過儀礼の研究などをみると、儀式でのふるまい方やしきたり・口伝など、さまざまなことが、意図的に年少者に教えられていたことがわかる。ただしそれは、偶発的であったり、特定の非日常的な儀礼の場においてのみであったりした。また、それが先ほど述べたような「メタ思考」でとらえられることはほとんどなかった。

ケニヤのギクユ族の例でいうと、一九世紀末に西洋人が来るまで、「教育」(Githomo)という言葉はなかったが、何かを意図的に教えることを指す、二つの語があった。ふだんの生活の中で教え諭すような意味の語(Uttaari)と、成人式の際に、新成人に知識を伝授する行為を指す語(Ndonyano)の二つである(楠原彰「アフリカの教育世界一・二」)。日常における偶発的で非組織的な訓戒と、非日常の特別な機会における知識伝授である。近代以前の多くの社会は、このような感じであっただろう。

第二に、日常生活には存在しない知を体系的に伝達する場所は、近代以前にもないわけではなかった。学舎とか学校のようなものである。それは、近代以前からずっと長い歴史をもっていた。古代エジプトや古代メソポタミアの時代から、組織的に文字を教えたりする場はあったようである(長尾十三二『西洋教育史 第二版』)。学校が不振になった中世ヨーロッパでも、聖職者や学者の養成は連綿となされていった。日本でも、すでに奈良時代には官僚を養成するための大学寮が作られていたそうだ。

だがそれは、特定の身分や特定の専門的職業の再生産に向けた秘儀的知識の伝授という、ごく限定された役割のものにすぎなかった。「人間は教育されねばならない」といった思想はなかった。どの時代も、人々の大多数は、教育とは無縁であったとともに、学校とも無縁であった。

第三に、子どもに何をどう学習させるべきかを論じた書物も、かなり古くから登場していた。さかのぼるとプラトン(前四二七—前三四七年)の『国家』『法律』あたりから始まる。身につけるべき礼儀作法を論じた書や、学芸の修得の仕方を体系的に論じた書、貴族・ブルジョア層の家庭教育のやり方を教示した書など、ローマ帝国の時代までさかのぼりうるジャンルは存在した(梅根悟『西洋教育思想史 第一——紳士教育論の時代』、中城進『教育を構想する人びと』など)。その著者たちが「教育」という言葉を使っていなくても、後世の人間が、「この著者は、他者の学習を意図的に組織化しようとすることに関わる議論をしている」というふうに読めば、そこに「教育」を読み取ることができる。だから、それらをもし「教育論」と呼ぶとすると、「教育論」はずいぶん長い歴史をもつことになる。

しかし、その教育論は、ごく一部の階層の子どもの教育についてのものにすぎなかった。ある年代の子どもたち全体を対象にして、あるいはある社会全体に関して「教育」が論じられるようになったのは近代になってからであり、それが現実にほとんどすべての子どもたちの生活と密接に関わるようになったのは、一九世紀以降のことであった。特に、学問としての「教育学」が登場してくるのは、「学習を組織化させる」べき他者が、特定の階層の子どもではなく、人間一般へと拡大されていったときであった。

(三) 教育学の成立

人間改造プログラム

近代という時代は、人間と社会との関係について、まったく新しい考え方が登場し、その考え方があたりまえになった時代である。それは、「社会のあり方を人間が自分たちで考えて作る」という考え方である。

現状とはちがう社会を構想し、計画的に作り出す、という考え方――現代のわれわれにとってはあたりまえにみえるが、考えてみると、とてもものすごいことだ。ヨーロッパでは中世までは、この世界の秩序は神が作ったと考えられていた。自然の秩序と同じく、社会の秩序も、あらかじめ定まったものだった。そういう時代には、社会の秩序の中に神の意志を見出していくこと以外の視点に立つことは容易ではなかった。

ルネッサンスの時代になって、「人間」が発見された、といわれる。新しい市民階級が勃興してきて、ギリシャ・ローマの古典文化に学びつつ、自由な人間精神が賛美されるようになった。キリスト教と対立するものではなかったが、人間が自らの存在の固有性や可変性に気がついたのである。その次の時代――宗教改革の時代――以降は、人間が人間の手で新たな社会秩序を構想する、という視点をもつ時代に入った。ルターやカルヴィンに典型的だが、宗教改革の思想は一種の「社会思想」という形をとり、新しい社会秩序を自らの手で生み出す運動につながっていった。さらに、ルネッサンス以来の合理主義的精神に基づいて、思想家たちが社会に対して認識の目を向けるようになると、政治思想や社会思想がさまざまに展開することになった。ホッブズやロック、モンテスキューなどといった人たちを思い浮かべることができる。

私は、近代の教育思想の一つの源流を、社会の改革や変化をプログラム的に計画しようとする思想に求めることができるのではないかと考えている。子どもたちに何かを学ばせることによって別の社会を作り出す、という発想である。「近代の教育意識の一つの特徴は、人間を人類的規模で改造しようとする野心をもつことであり、それが可能であると信じようとしたことであった」と宮澤康人はいう(『教育文化論――発達の環境と教育関係』)。

ルターが、国家や地方政府に学校を作らせ、すべての有能な子どもを学校に行かせるよう説教したのは、新しい国家秩序の建設構想でもあったといえる(一五三〇年)。「近代教授学の父」とよばれるコメニウス(一五九二―一六七〇年)は、単なる教育好きの牧師などではなかった。三〇年戦争(一六一八―四八年)によって亡命を余儀なくされる中で、「祖国解放のためには祖国の青少年を正しく教育するよりほかはないと考えるようにな」ったことが、『大教授学』を書かせる動機になっていた

（前掲『西洋教育思想史 第一』）。その後も、教育論の中には、社会の大きな変動の中で、新しい社会を作る手だてとして教育を論じたものが多い。フランス革命のときにおびただしく登場した公教育論や、ナポレオンによって征服されたドイツで、熱く沸き上がった教育改革論などである。たとえば、フィヒテの『ドイツ国民に告げる』（一八〇八年）の一節を引けば、「国民をまったく新しい自我にまで教育するということ」が、「没落したこの国民を救済し、新しい生活へ導く」道だ、というのである（椎名萬吉訳）。

これは、古代ギリシャ・ローマに起源をもち、ルネッサンス期から『エミール』へと続いてきた、貴族や富裕市民層に子育てのあり方を教示する旧来の教育論とは、まったく異質なものである。教育によって社会を作る、という思想なのだから。ルター以降に登場し、近代公教育制度につながっていく後者の教育論は、教育されるべき対象をその社会の中の子ども全体に広げることになる。ここにおいて、「人間はいかに教育されるべきなのか」「人間はどこまで教育が可能なのか」という問いが立つ。初期の教育学者——カントやヘルバルト——が取り組んだのは、そのような問いである。

ただし、一九世紀を迎える頃まで、すべての子どもたちに何かを学ばせることで、新しい社会を作り出していくというのは、机上のプランにとどまっていた。現実にはまだ学校への就学がそれほど普及していなかったからである。

学校の拡大

ここでわれわれは、ヨーロッパの学校の拡大の歴史を簡単にみておく必要がある。「教育」が人々の人生に欠かせないものになってきたのは、直接は、学校が普及してきたせいである。学校の拡大が、「教育」なしにはやっていけない社会を作ったともいえる。以下の議論の中では、「教育」は、主に学校で行われる営みのそれをさすことになるだろう。

一六世紀には、学校で学ぶ子どもは、まだ社会のごく一部の子どもにすぎなかった。しかし、次第に民衆は、学校での学習に効用を見出すようになっていき、学校への就学は着実に増加していった。一八世紀には、ラテン語を教える文法学校が増加していった。民衆向けの簡易な学校も、教会や俗人の手で作られていった。貧民の児童のための学校も作られるようになった。

さらに、一九世紀には、初等教育がいっそう普及し、あちこちの国で、初等教育が国家の手で義務化されていった。二〇世紀に入るころまでには、多くの近代国家で義務教育への就学が普及し、誰もが学校に行く時代になった。一九世紀後半—二〇世紀前半には、中等教育・高等教育も急速に拡大していった。民衆向けの学校に由来する初等教育と、富裕階層向けの学校に由来する中高等教育とが、一つのシステムへと接続していき、近代的な学校システムが姿を現した。中等教育にも庶民層の子どもたちが次第に進学するようになった。

二〇世紀は学校教育が爆発的に拡大した時代であった。学校教育を受けることは、「子どもの権利」として考えられるようになり、さらに、「教育機会の平等」が社会の公平性の観点から主張されるようになった。中等教育への進学者も高等教育への進学者も、二〇世紀の間に大きく増加し、誰もが長期間の学校教育を受けるのがあたりまえ、という時代になった。また、旧植民地でも、独立後は、近代的な学校教育が急速に広がった。世界じゅうにはまだ初等教育に就学できていない子どもたちがいるが、もう一方で、新興国などでは急速な高学歴化も進んできている。

もはや、世界じゅうのほとんどの人が、人生のどこかで「教育」を受ける時代になった。少年期のごく数年間だけという人もいるけれども、十数年間の教育を受けて、ようやく社会に出て行くという人もたくさんいる時代になった。文字文化の普及を背景に学校制度が拡大し、学校への就学を通して人々が社会的地位を獲得する社会になったとき、人は教育(ここでは学校教育)と無縁でいられなくなったのである。

このようにヨーロッパ近代になって、学校が広く民衆へと普及・拡大してきたことの背景には、三つの大きな社会的要因があった。

一つめは、文字文化が普及したことである。一四四五年頃に、グーテンベルクが活版印刷術を発明したことが、事態の出発点となった。一五世紀半ばには全ヨーロッパで約一〇万冊の手写本しかなったのに、世紀末には早くも約九〇〇万冊の書物を有する社会になったという(前掲『西洋教育史第二版』)。また、ルターがローマ教会に反旗を翻して(一五一七年「九五か条提題」)、ラテン語ではなくそれぞれの地域の言語による聖書が出版されていったことも、大きな転機になった。それ以降、それぞれの言語による情報が印刷物として、日常生活のすみずみに広がっていった。まもなく、初歩的な段階の学校教育がそれぞれの地域の言語によってなされるようになった。技術革新を伴った実用性と宗教的な意図とが合わさって、人々の日常世界に文字が普及していったのである。

こうした文字の習得や文字情報の処理には、長期間の辛抱強い、組織的な学習が必要であった(ある)。それは、旧来のように子どもが大人と生活の場をともにすることによっては、十分には学ばれないものであった(ポストマン『子どもはもういない――教育と文化への警告』)。だから、文字の習得や文字情報による多様な知識の獲得の必要性が高まってくると、文字と文字文化とを組織的に学習させるための学校に、多くの子どもたちが集まるようになった。

とはいうものの、文字文化が実際に民衆層に広がるまでには長い時間がかかった。余計な本は堕落を生むという観念もあって、一九世紀に至っても、多くの庶民の家では、まだ『聖書』が唯一の蔵書だった。余談だが、庶民には、その聖書がドキドキハラハラの歴史物語として読まれていた側面もあったらしい。それどころか、性的興奮を感じる読まれ方もされていたそうだ(Jonathan Rose, *The Intellectual Life of the British Working Class*)。民衆の子ども向けに読み書き計算を教える学校(読みだけという学校も)が、一八世紀ぐらいにはあちこちの国にすでに広がっていたが、子どもの多くは、初歩的な読みが身についた段階で学校をやめていた。

しかしながら、文字文化の広がりは次第に進み、社会のあり方を根底から変えていった。一九世紀には、文字を知らないこと、十分に読み書きができないことが、不便で不利であるような社会のしくみが構築されていった。さらに、二〇世紀における文字情報の大量流通により、文字文化の習得と文字情報の処理こそが、われわれが社会生活をする上での不可欠の技能となってきたのである。

二つめは、身分社会から階級社会への変容である。人々の生活を縛っていたさまざまな社会的規制がゆるんだり撤廃されたりすると、人々は生まれによって制約されない地位や職業への移動が可能になる。そこでは、今述べた文字および文字文化の学習が、子どもたちに社会的上昇のための新たな手段を提供することになった。

人々の間に経済的に大きな格差がある社会という意味では、階級社会は、それ以前の身分社会とさほどちがわなかった。とはいえ、階級社会は、人が自分の努力や才能で、社会的地位を獲得することができるという点で、まったくちがっていた。その社会的上昇のための一つの有力な手段として、教育が意味をもつことになった。

ヨーロッパでは、中世末期になると、都市が発達して、農村からの自由民が都市へ流れ込んでいくようになった。都市には、生まれにしばられない、新しい生活のチャンスがあった。商品と貨幣の流通は、文字や数字を使う新しい種類の仕事を生んだ。文字を習得することは、書記のような仕事に就く可能性を生んだのである。一七―一八世紀のラテン語文法学校の増加は、勃興しつつあった中産階級が、子どもたちにラテン語を学ばせることで、国家の官僚や専門職の仕事にありつかせようとしたためのものであった。

もちろん、狭い共同体の中にしがみついて生きてきた人々が、すぐに自由で平等な移動のチャンスを手にできたわけではなかった。身分や家柄・縁故が人々の人生を制約する度合いは、依然として高かった。長期の就学が可能になるだけの経済的な余裕に恵まれた者もまだ少なかった。大きな格差を伴った旧来の社会秩序を守ろうとする人たちと、より平等な機会を保障する社会を作りたいと望む人たちとの間の争いは、延々と続いた。

特に一九世紀には、学校教育が社会的地位の獲得にとって重要であることがはっきり認識されるようになってきた。その時期には、富裕な中産階級が下の階級の者の上昇機会を抑制するために、階級別に分断された学校体系が作られていった。中等教育でいうと、上の階級の子どもは大学進学の準備となる普通学を学び、下の階級の子どもは実業教育か、あるいは、初等教育の延長のような教育があてがわれたのである。階級構造に対応した、複線型学校体系の成立である。

しかしながら、国によってちがいはあるものの、遅くとも二〇世紀の後半までには、「どの階級に生まれたとしても、誰もが同じチャンスをもつべきだ」という観念は広がった。「教育の機会均等」の理念である。どういう学校教育をどの段階まで受けるのかが、個人の人生の機会を左右するようになると、学校はほとんどすべての子どもたちにとって不可欠なものとなった。

三つ目には、国民国家の形成が関わっていた。長い間、学校は、教会と私人の手に委ねられていて、国家の事業という面は薄かった。ところが、国民の形成に向けて国家が学校教育の普及に力を入れるようになった。早かったのはドイツである。一六一九年にワイマール小公国ですべての六─一二歳までの児童の就学を義務づけたのが最初で、放浪の教授学者、ラトケの影響だそうだ。プロイセンでは一八世紀中頃までに義務教育の制度が整備された。フランスやイギリス、アメリカでも、一八三〇年代ぐらいには、国家が初等教育の普及にのりだすようになり、一九世紀後半には義務化が進んだ。近代国家は、初等教育の普及・義務化を通して、母国語や基礎的な文字文化とともに、国民としての共通の価値観を学ばせることで、「国民」を形成することを企図していた。近代的国民国家の形成という社会のプログラムにとって、学校制度の普及は最も重要な手段の一つであった。

もう一方で、一九世紀後半からは、科学技術の研究や実業教育が国力にとって重要だと考えられ始め、第二次大戦後は、高学歴人材が国にとっての「資源」であるとみるような見方が広がり、国が中高等教育の拡大に力を注ぐようになった。

このように、国家が国民の形成や国力の増強に向けて、自ら学校を設置したり学校に対して公的助成をしたりしていくようになったことが、一九―二〇世紀における学校の急激な拡大を支えていたといえる。

教育に関する「学」

さて、われわれはようやく、教育学の成立について考えるところにたどりついた。

教育学は、教育について学問的に研究し、学問としてのルールに沿って記述したものである。学問としての教育学を初めて体系的に打ち立てたのは、一九世紀初めのヘルバルト(一七七六―一八四一年)だといわれている。だが、「教育論」自体はそれ以前からあった。「教育学」は「教育論」とどうちがうのか。あるいは、うまく教えるための技術である「教授術」とどうちがうのか。

正直なところ、私には明確なちがいがよくわからない。教科書的にいうと、人間の性質についての科学的基礎に基づきながら、学問的な教育を体系的に初めて論じたのがヘルバルトだ、というふうになるのだろう。だが、ヘルバルトが依拠する哲学と心理学は、当時の時代に制約されたもので、そのまま現代にも通用する普遍的な議論になっているとは思われない。もちろん、後に続く時代の教育学者が議論を組み立てる際の原型や到達点を示してくれた点は大きいだろう。また、あらためてヘルバルトのテキスト全体の中から、何か普遍的な言明を打ち立てるための手がかりを読み取るという作業のために、くり返し読み直されてきたという点での意義もあるだろう。この意味では、現代の教育学者もまた、ヘルバルトを読み直している。また、歴史的な事実として、ヘルバルトの議論がその後の現実の学校教育のあり方に対して大きな影響をもったことも見落とせない(この点は第三章で述べる)。しかし、ヘルバルトの議論が科学的で、普遍妥当な根拠をもった知を提供しているとは、私には思えないのである。いわば、それ以前の「教育論」と同様な、根拠のはっきりしない議論に思えてならないということである。

とはいえ、この時期から教育学が学問としての体裁をとったことには、二つの点で、納得できる理由がありそうである。

一つは、大学が近代大学へと変貌していく中で、新興学問の一つとして、この時期に、発展途上の知としての「教育学」が位置づけられたという点である。

教育学が大学で講義されるようになったのは一八世紀後半のドイツからで、哲学の教授がローテーションで担当したりしている。有名な哲学者のカント(一七二四―一八〇四年)も、そのローテーションが回ってきて、教育学を講義している。

考えてみれば、一八世紀のドイツの大学は、神学・法学・医学・哲学の四学部からなる中世の大学の組織構造を、まだそのまま引き継いでいた。哲学部は残り三学部の予備的段階を構成していたのだが、近代大学への性格転換が次第に進む中で、その哲学部の中に、社会科学や自然科学のさまざまな分野が置かれていった。一九世紀には、教育学・心理学・言語学・歴史学・社会学・物理学・化学・生物学など、それぞれの分野が独立した講座や学部に分化していくのだが、カントやヘルバルトの時代は、まさにそういう新興学問の諸分野が、大学の中で位置を占めていき始めた時代だった。

当時は、哲学があらゆる学問を統一する知とされていた。歴史学にせよ物理学にせよ、哲学的な世界解釈の枠組みの中に組み込まれていたのである(自然科学が哲学と縁を切るのは一九世紀半ば以降である)。だから、社会のさまざまな事象の中から「教育」が固有の知的対象として切り出されたとき、それを「学問」として最初に料理したのは、哲学者であったカントやヘルバルトであった。そして、哲学的な基礎の上に立ちつつ、しっかりとした体系的議論を最初に組み立てたのが、ヘルバルトだったわけである。

もう一つは、「教育学の教育」が、社会的に必要となってきていたということである。前に述べたように、一九世紀は、国家が義務教育制度の成立と充実に乗り出した時期であった。そのためには、大量の教師が必要であった。当時の民衆向け学校の教師の質はどの国でも低かった。たとえば一八世紀半ばにはすでに教員養成所が作られ、国の公的助成も始まっていたプロイセンですら、農村部では次のような状況であった。「通常、牧師がまず病人、障害者、靴屋、仕立屋、夜警、牧夫に初歩的知識を教え、次に彼らをして子どもたちにそれを授けさせなければならなかった。かなりの大きさの町においても、事情は村落とさして変わらなかった」（カバリー『カバリー教育史』）。

それなりの質をもった初等義務教育を普及させるためには、国家は、初等教育の教師を大量に養成することが必要だった。一九世紀は、組織的に教師を養成するための機関が欧米諸国で作られていった時期であった。師範学校やティーチャーズ・カレッジが作られていったのである。

ただし、多くの国では、大学の中に教育学の講座や学科が作られていったのが、ずいぶん遅かった。イギリスやフランス、アメリカなどでは教育学の地位はドイツよりも低く、大学で考究されるべきアカデミックな学問として扱われることに反対する大学人が多かった。教育学は初等教育から生まれたもので、大学で学んだ者が就く中等教員には不要と考えられていたし、他の学問に比べてその内容も総じてレベルが低かった。

とはいうものの、当初は実際的な知のレベルに終始していた師範学校にも、次第に学理的なものがカリキュラムの中に入っていったし、一九世紀後半―二〇世紀初頭には、多くの国の大学に、教育学の講座や学科が作られていった。

そこではおそらく、学問としての教育学は二重の意味で重要だっただろう。

一方で、教師の社会的権威の獲得や、「教育」自体の権威づけのためである。単なる実践的に有用な技術の習得にとどまらず、学問的な基盤をもった技術としての体裁が、正規の養成教育を受けた教師の威信を確保するために必要だった。また、教育が深遠な哲学上の裏づけをもつとされることで、教職に就く者の使命感も高まったであろう。

他方で、学問としての教育学は、教育目的と内容と方法とを統一的に体系づけて、教育の日常を組織化するための知としての意義ももったはずである。一八世紀の民衆向けの学校は、単に初歩の読み書き計算を教えたり、教理問答書(キリスト教の教義を問答形式にしたもの)をひたすら暗記させたりするだけのものだった。それに対して、一九世紀後半以降の初等教育は多面的な目標や内容をもち、もっと柔軟な方法を採用するようになった。子どもの人格に働きかける部分も、かつての教理問答書の丸暗記とは異なる、個別的で微妙な方法を用いるようになった。

だから、一言でいうと、一九世紀の一〇〇年の間に、教師の仕事は以前とは比べものにならないほど、微妙で複雑なものになった。「教育」のやり方そのものが、単なる機械的な技術ではなく、個々の教師の能力や判断に負う性格のものに変化していったわけである。それゆえ、教育の本質や特質を体系的に理解しておくことが、日常的な教育の遂行に必要とされるようになったのである。

近代になって、人びとは、自分たちが生きる社会を自覚的にデザインし、マネージするようになった。ミクロには、子どもたちに何かを学ばせるという営みを、「教育」という事象としてメタ次元で把握する視線を生み出した。マクロには、社会全体を管理運営する装置——国民国家——が形成された。その一方で、経済の発展は、実際の社会の変化として、個人の流動性を高めるとともに、文字文化の学習の必要性を高めていった。

それらの流れが合流した地点に、教育を通した社会の進歩・改善という道が、思索の上でも現実的にも、さまざまに展開されるようになった。社会の改革や変化のプログラムの中に学校教育が位置づけられ、教育による人間形成が、個人と社会との両者にとっての崇高な使命を帯びた主題となったのである。国家は学校の普及に乗りだし、大量の教師が生まれ、その教師が複雑で柔軟な仕事として教育活動を組織化するようになっていった。そのとき、近代大学の新興分野で姿を現し始めた、理論的で体系的な「教育学」が、教職の権威づけと実践的必要との両面から、必要とされるようになった——教育学の成立を支えた社会的背景はそんな感じではなかったか、と私は考えている。

教育学の科学化

二〇世紀初頭以降、教育学は、新たな展開をみせた。実証科学的な手法や視点を用いた研究が登場し、二〇世紀後半には教育研究の主流になっていくのである。教育学の科学化である。

もっとも早いのは、心理学者による教育研究である。アメリカでは、ソーンダイクが、学習効果の実験を通して、中等教育のカリキュラム改革に対して重要な問題提起を突きつけた。同じく心理学者のターマンらは、知能テストの開発と応用によって、カリキュラムや教育制度をめぐる議論に大きな影響を与えた。

また、教育行政の官僚制化や学校の大規模化が進んでいった結果、二〇世紀前半は、「科学」を標榜する教育行政学や教育経営学が登場してきた時代でもあった。アメリカでは、ビジネスの世界で生まれた「科学的管理法」が、一九一〇―二〇年代に、教育の世界にももちこまれた。教育行政や学校経営は、「科学的管理法」によって、もっと効率化されるべきであるとされた。

同じく二〇世紀の初頭に、フランスのデュルケームは、社会学的な視点からの「教育の科学」を提唱した。ただし、デュルケーム自身の功績は、現実の学校や子どもを実証的に分析したものではなかった。アメリカで発展を始めた教育社会学も、当初は、教師の教養としての社会学というレベルのものに終始し、一九四〇年代に至るまで低迷していた(森重雄「教育社会学小史」)。社会調査などの社会学的手法をもちいた教育の本格的な実証研究が現れてくるのは、第二次大戦後のことであった。

ただし、後世のわれわれの目からみると、二〇世紀前半に「科学」を標榜して教育の改革に影響力をもった知は、現実に適用される際に必要な、厳密さや慎みに欠けていた。だから、その時代の教育政策や教育行政において、それらの知が無批判に影響力をふるったとき、教育の現実にはかなり悲惨な事態が生み出されることも生じた。「科学的」という名で正当化された、実に非科学的で乱暴な改革が進んでしまったのである。たとえば、ソーンダイクの心理学的な知見が、社会の不平等をハイスクールが再生産するようなカリキュラムにつながってしまった(ラヴィッチ『学校改革抗争の一〇〇年——二〇世紀アメリカ教育史』)。開発されたばかりの知能テストが猛威をふるい、下層階級の排除・選別に使われた(チャップマン『知能検査の開発と選別システムの功罪——応用心理学と学校教育』)。教育行政学において「科学的管理法」が無批判に導入されていった結果、「数えきれない教育的決定が経済的または反教育的根拠に基づいて行われた」(キャラハン『教育と能率の崇拝』)。

哲学を基盤に据えた一九世紀の教育学は、議論の根拠はあやしいものだった。実証科学をモデルにした二〇世紀の「教育の科学」には、危うさがつきまとっていた(いる)。この問題は、第二章であらためて論じることになる。

二、実践的教育学と教育科学――教育学を学ぶ意味は何か？

(一) 実践的教育学

教育学の中のさまざまな知を、学問としての性格から考えると、二つのタイプに分類することができる。よりよく教育を組織・実施するための知と、教育に関連した諸事象を科学的なルールに従って考察し、記述しようとする知である。「規範(科)学」と「実証科学」という対比で呼ばれることもある。ドイツの教育学者ブレツィンカの『教育科学の基礎概念――分析・批判・提案』による分類では、「実践的教育学」と「教育科学」という対比になる。本章では、この「実践的教育学」と「教育科学」という対比で、教育学内部の二つの知について考えていくことにする。

実践的教育学とは何か

実践的教育学とは、ブレツィンカにいわせると、「教育者のための方向づけの援助」であり「行為へと導く教育の規範的理論」である。どういう教育をすればよいのかについて、整合的で妥当な方向づけをしようとする知だといえる。近代以前の多くの「教育論」も、ラトケやコメニウス以降の近代教授学も、ともにこのジャンルに入るだろう。

ただし、ここでは、教師や一般の人が、個人としてもっているような教育論を、「実践理論」というふうに呼んでおいて、学問の体裁をとって教えられたり議論されたりする「実践的教育学」とは区別しておくことにしよう。というのも、両者には、画然とではないが質的な差異があるからである。個人としての教育論(実践理論)は、通常私的な体験や信条に根ざしたりしていて、とてつもなく突飛なものでもありうる。それに対して、学問的に議論されている規範的理論(実践的教育学)は、多くの現実や過去の事例と照らし合わされつつ議論されることによって、それなりに検証・吟味されたものであるといえるからである。

この実践的教育学は、学問の性格上、科学とは若干異なっている。「科学的な命題は、情報提供的な形態をとる。それは真実か誤りかのどちらかである」。それに対して、実践的教育学では、「実践的教育学の言語が単に情報提供的のみならず、命令的にも情緒的にも使用されるということである」。科学はそれ自体の中では「……である」という言明にとどまり、当為(=「……なすべし」という言明)を含まない。それに対して、実践的教育学は、まさに「……なすべし」という規範を中心に組み立てられているのである。「学校制度は○○のように作るべし」「学校という組織は××のように経営すべし」「この単元は△△のような方法で教えるべし」というふうに、多くの言明は、この実践的教育学の枠組みでなされている。

「実践的教育学の言語が……命令的にも情緒的にも使用される」というのは、どういうことだろうか。その言語は、説得や同意調達をめざして組み立てられるということである。実践的教育学の言語は、著者の感情を表明するものであったり、他の人々の感情をかき立てるものであったりする。それゆえ、「実践的教育学は、教育者をしてある理念に同意させ、他の理念を拒否させ、さらに同意した理念に合致した行動をとらせるという機能をもつ」のである。

実践的教育学の問題領域

ブレツィンカによれば、この実践的教育学は、三つの問題領域からなる。

一つ目は、被教育者のための理想を含む諸規範、すなわち教育目標に関する問題設定である。「教育学が、その時々において、教育目標に関して何を教えるべきかは、著者の世界観に依存し、あるいはまた、決定された教育目標の対象たる社会的グループの価値志向による」。言い換えると、教育目標に何を据えるのかについては、科学的方法によっては確定できないような、価値的判断を含んでいる、ということである。教育は人間を変容させ、それによって社会を変えていく企図を含んだ営為である。だから、どういう人間観や社会観を前提にするかによって、教育目標の設定の仕方は大きく異なってくる。近代の教育思想において、哲学者が教育に大きな影響を与える議論をしてきたのは、この点と関わっている。

二つ目は、教育の方法と組織形態に関する理論である。ある目標が設定されたとして、どのような方法や組織形態をとればよいのか、という問題群である。そこでは、あるやり方がどういう結果をもたらすかについて、因果関係の認識がある。ブレツィンカは、その因果関係の認識を「技術的規範」と呼んでいる。

江戸時代における漢文の素読の例を思い浮かべてみればよい。初学者は、意味が理解できてもできなくても、ともかく『大学』『論語』などの難解なテキストの読み方を教わる。五歳の子が、師匠の後について「蓋《けだ》し天の生民を降ろすよりは、即ち既にこれに与うるに仁義礼智の性を以てせざる莫《な》し」などと声をあげて読むわけである。意味を理解できるわけがない。テキストを理解させるという現代の教え方とはまったく異なっている。そこには、「きちんと読めるようになっておれば、意味の理解は後々になって自然にできるようになる(はずだ)」という「技術的規範」が存在している。

だから、まったく対照的な技術的規範を思い浮かべることもできる。「意味の理解が伴わないと、学習は進まない」というものである。ペスタロッチ以降の近代教育思想では、主にこちらの見方が採用されてきている。

しかし、現代の教育においても、この「技術的規範」は、必ずしも科学的方法を用いて厳密な検証がなされたものではないことが普通である。だから、ちゃんとした法則性が確認できていなかったり、それどころか推測にすぎなかったりするものも多い。

ブレツィンカが示す例をそのまま挙げれば、「賞賛は生徒の成績を上昇させ、叱責は成績を低下させる」という命題がある。これは、真実でも誤りでもありうる。真実であるというのは、実際にそういう例は観察されるということである。だが、同時に誤りであるというのは、逆の例も観察できるからである。賞賛されるとのぼせ上がって勉強しなくなったり、叱責が励みになって勉強に打ち込む、といったことは、よくあることだ。そう考えると、確実な法則性かどうかは微妙だということがわかろう。

さらに、「一般にそのような合法則性が認識されないときには、推測で間に合わせるしかない。教育学は程度の差こそあれ、そのような都合よく基礎づけられた推測に満ちている」と、ブレツィンカはいう。どのような方法や組織形態をとればよいのかは、はなはだ頼りない根拠の上で判断されてきているわけである。

三つ目は、被教育者についての理論である。ブレツィンカは「教育学のこの部門において、われわれが関わるのは、規範ではなく、現実についての命題、すなわち〈記述的ないし解釈的言明〉である」と述べている。そこには「被教育者の心意的状態の描写のみならず、彼らの社会的・文化的境遇の描写もまた含まれる」。つまり、教育されるべき対象が、どういう性質や状態にあるのかについての、事実をめぐる問題群である。

子どもに対して何をどう教育するか、という点をきちんと考えようと思ったら、子どもの性質や子どもを取りまく環境を客観的に研究する知が、確かに参考になる。たとえば、「ヒトの発達はどういうメカニズムやプロセスをもつのか」「ヒトはいかにして数理能力を獲得しているのか」といった、発達心理学や学習心理学のような知識は、有効なカリキュラムや教授法を考える上で役に立つ。あるいは、「子どもたちの情報環境は、今どうなっているのか」とか、「日本に住む日系ブラジル人家族における親の教育態度はどのようなものなのか」といった、教育社会学が考察するようなテーマも、目の前の子どもを理解するための材料になるだろう。

しかしながら、これらに関して科学的方法で明らかになっている部分はごく限られている。「子どもが一体どういう存在なのか」「子どもを取りまく環境はどういう状態にあるのか」といった主題全体は、必ずしも科学的手続きで解明され尽くしているわけではないのである。ブレツィンカはこの点を論じていないのだが、私は重要な点だと思う。むしろ、ここでも、いいかげんな「法則」や単なる推測が、はばをきかせていることが多い。

実際、根拠のない俗説が、子どもや子どもを取りまく環境に関する記述に溢れている。たとえば、「今の子どもたちはコミュニケーションが下手だ」とか、「今の親は子どものしつけをしなくなっている」などである。そうした根拠のない「事実」(に関する認識)が、私的な実践理論だけでなく、学問的な実践的教育学の中にも入り込んでしまう。その結果、よりよい教育を組み立てようとする言明が、当事者の善意とはうらはらな問題状況を作り出してしまうようなケースも起こることになる。

高名な教育学者であっても、人間の理解や社会の理解が十分な科学的根拠に基づいているわけではない。たとえば、かのジョン・デューイは、子どもの健全な成長のためには、少なくとも八歳になるまでは読み書きを学ぶべきではない、と信じていたという(前掲『学校改革抗争の一〇〇年』)。子どもの本質的特徴に関する、根拠のない言明である。かくいう私だって、自分が議論するときに、どこまで科学的な研究の成果を網羅的にふまえているかを省みると、自嘲的にならざるをえない。

実践的教育学の危うさ

こうしてみると、実践的教育学は、かなり危なっかしい面があることがわかるだろう。㈠教育目標に何を据えるかという問題は、誰もが納得する方法で論証しえず、何らかの決断、すなわち価値判断が関与している。㈡教育の方法と組織形態に関する問題では、ちゃんとした法則性が確認できていないか、もしくは推測にすぎないものがたくさんある。㈢子どもの性質や子どもを取りまく環境についての知では、部分的には科学的研究の成果が参照されることはあるにせよ、単なる思い込みや事実誤認が下敷きになって議論が組み立てられてしまうこともある。

もちろん、実践的教育学が「学」を名乗るからには、それなりにしっかりしたところはある。科学的な研究成果を利用できる部分は利用される。先行する研究成果やさまざまなテキストを注意深く検討し、より確実な言明が組み合わされていく。さまざまな成功や失敗が積み重ねられた歴史をふりかえって、より確実な推測と誤った推測とが峻別される。多くの事象が広く観察されたり、他の社会での事例が吟味される。普通の人よりも深い思索を進めて、できるだけ確実な地点から議論が組み上げられていく……。

しかしながら、どのように手を尽くしたとしても、右の㈠—㈢は免れない。この点で、教育学を学んだことがない人が考える教育の望ましいやり方(実践理論)との間に、決定的な区別を設けることはできない。この点が、実践的教育学につきまとう大きな限界である。確実さに関して、シロウト教育論との差異は程度問題にすぎない、ということになってしまうわけである(実はその「程度の差」こそが、とても重要だと思うのだが)。

㈡ 教育科学

教育科学とは何か

実践的教育学と対照的に、教育科学は、科学的手法を用い、科学としてのルールに沿った言明を追究している。ブレツィンカによれば、教育科学の目標は「教育の行為領域に関する認識を得ること」である。もっと厳密には、「この(教育)行為領域の諸現象(すなわち対象・特色・関連・過程)を記述し、現象を説明し予測を可能にするための援助として、法則仮説を打ちたてること」が目標だとされる。現象を正確に認識すること(記述)、その中に、ある条件の下では常に一定のパターンとしてくり返される規則性を見出すこと(法則仮説)、そしてそれらによって、ある具体的な対象の構造や因果関係を明らかにすること(説明)と、これから起こるであろうことをあらかじめ見通す(予測)ということである。

そこでは、まだ存在していないものは考察の対象にならないし、考察の足場にもならない。「それまでに実際に行われていた教育的行為に研究を限定する」ことになる。存在するもの（したもの）だけを対象にして、厳密な手続きの検証と解釈とで分析・考察し、確実な命題を導き出す——そういう作業である。

第一章で触れたとおり、一九世紀末以降、自然科学の発展に刺激を受けて、教育の科学化が追求されてきた。社会科学の他の分野と同様に、実験・観察・大量データの統計的処理のようなやり方で、確実な知見にたどりつこうとする方向が進展してきたのである。特に、教育心理学や教育社会学は、実験データや調査データを統計的に処理する手法を得意としてきたが、コンピュータが普及した一九八〇年代以降は、教育学の多くの分野で、そうした手法が用いられるようになっている。

ただし、ここでいう「科学的手法」というのは、自然科学的手法には限られていない。人文・社会科学では、自然科学の方法や規準とは別のものを作り上げ、それを認識や言明の適切さを保障するルールと認めてきた。というのも、人間の行為は、刺激‐反応のような単純で機械的なものではないからである。水滴を五滴続けて落としても、落ち方はほぼ同一だが、もしも同じ質問を五回続けて同じ人にしたら、五回目までには、きっとその人は怒り出してしまうだろう（私だったら二回目か三回目だ）。だから、人間や社会のことは、自然科学的な方法のみで明らかにできるわけではない。教育が研究される際にも、人文・社会科学に固有の方法が練り上げられて、使われてきた。

たとえば、文献を一定のルールの下に読み込む解釈学の手法を、科学的手法として教育研究に応用してきた人たちがいる。一人ひとりが思考する主体として、たえず意味解釈をしながら、自らの行為を選択する。だから、自然界の出来事とはちがって、社会の出来事には、行為者の意味解釈が常に介在している。その意味解釈の部分を、一定の手続きのもとで明らかにしようというのである。

ドイツでは、ディルタイ(一八三三―一九一一年)を祖として、そうした視点に立った「精神科学的教育学」と呼ばれる研究潮流が、大きな流れを作ってきた(小笠原道雄編『精神科学的教育学の研究――現代教育学への遺産』)。ディルタイは、一方で、教育学における規範的立場(すなわち、先に述べた実践的教育学のような立場)を批判した。同時に、自然科学的な手法を用いた実証主義的立場も批判した。そして代わりに、厳密な歴史的・解釈学的方法で「教育によって何が起きているのか」を明らかにしようとしたのである。そうした方法や視点での研究は、ワイマール期以降、多様な進化を遂げていった(ただし、ブレツィンカは、この流れの人たちを、実証科学というよりは、規範的教育学に位置づけているようである(ラサーン『ドイツ教育思想の源流――教育哲学入門』))。

教育社会学でも、調査や統計を用いた実証的アプローチとならんで、解釈的アプローチ、エスノグラフィ、エスノメソドロジーなどと呼ばれる、当事者の主観的な意味解釈を考察の対象に据えるさまざまな手法が、盛んに用いられている。そこでも、厳密な研究手続きとしっかりとした論理構成とが、知見の確からしさを保障する基盤になっている。

たとえば、教育場面における先生と生徒とのやりとりを、相互の意味解釈のプロセスととらえ、それを研究者が再構成することによって、当事者たちの意図とは別の作用が生じていることを明らかにする、という研究がなされる。あるいは、教育目標として言語化されたものと、教師や生徒が日常的に考えているものとを照らし合わせて、その関係の構造を明瞭にする、という研究もありうる。

自然科学から人文科学まで、現代の科学は、領域や分野によって異なるルールをもっている。教育科学は、そうした諸分野のルールのいずれかに従いつつ、妥当な認識(記述や説明など)にたどりつこうとする営みである。外国でもそうだが日本でも、教育学関係の学会(たとえば日本教育学会や日本教育社会学会など)はたくさんあり、それらの学会の活動が、妥当性をもった言明を導き出すためのルールを維持している。誰でも思い込みで教育を議論できてしまう飲み屋談義の教育論とは異なる、確実な言明を追究しようとしてきているわけである。

存在と規範

前に述べたように、実践的教育学は、言明の根拠という点で、どうも危なっかしいところがある。それに対して、教育科学は、ちゃんとしたルールで確実な言明を導き出している。——では、教育学は実践的教育学から教育科学へとシフトするのだろうか。あるいは、シフトするべきなのだろうか。言明の確実さに欠ける実践的教育学は全部放擲してしまい、科学的手続きに沿った教育科学のみを妥当な知として認定する、というのはどうだろうか。

私は、そうはならないし、そうすべきでもないだろうと思う。実践的教育学はそれなりに不可欠な役割を果たしてきているし、これからも果たし続けるだろう。というのも、教育科学は教育科学で、固有の危なっかしさや限界をもっているからである。ここでは、三つの点を論じておきたい。

第一に、そして何よりも重要なのは、次の点である。教育科学における「教育の行為領域に関する認識を得ること」自体は、「ではどうするのが望ましいのか」について、十分な答えを与えてくれない。硬い言い方をすれば、「存在からは規範は導かれない」のである。

たとえば、過去から現在までの大学進学率の推移を細かく検討して明らかにしたとする。進学率を上昇させてきたさまざまな要因を考慮に入れ、今後の予測をする――そこまでは科学的方法でやることができる。だが、予測された今後の変化が望ましいといえるのか、いえないのか。ある人は、「もっと大学を減らして質の高い大学にしろ」と主張するかもしれない。別の人は、「もっと大学を増やして、高等教育が受けられる機会をもっと増やせ」と主張するかもしれない。「何が望ましいのか」は、予測値は物語ってくれないのである。

別の例として次のようなのはどうだろうか。あるカリキュラムを七割の子どもが理解し、三割が理解できていない――そこまでは科学的手続きで明らかにしうる。では、理解できない三割の子どもをあらかじめ検査で抜き出して、もっと別のことを教えればよいのか、それとも、教え方の工夫をできるだけやってみるのにとどめるか。いや、そもそも、そのカリキュラムの内容は、どうしても生徒全員に、それを理解させなければいけないものなのか。カリキュラムの難易度を下げて、九割以上の子どもが理解できるようにすればよいのではないか。あるいは、ギリギリ締め上げてでも、三割の子どもにも教え込むべきなのではないか。いや、仮に宿題やテストを押しつけたりして三割の子どものうちの幾分かがもっと理解できるようになったとしても、そんなやり方では、トータルな教育の成果という観点からみて、何か失われるものがあるのではないか……。

これらは、教育目標をどう設定し、どういう組織と方法を採用するのかという、実践的教育学が扱う問題領域における、価値判断や推測を抜きにしては選択できないことである。特に、教育という事象は、まだ存在しない状態に向けて子どもを変容させるという点で、われわれの価値判断に左右される部分がきわめて大きい。だから、過去と現在の事実を究明することから、自動的に未来に適用できる基準が導出されるわけではない。

教育の科学的研究を標榜する者、あるいは他分野から科学的手法をひっさげて教育研究に参入してきた者は、しばしばこの点で大きな失策をおかすことがある。次の三つがよくある失策である。

㈠その現状をそのまま肯定してしまうか、あるいは予測された状態をそのまま「望ましい状態」とみなしてしまう。「存在するものは必然的に望ましい」という、無自覚な保守主義である。

㈡「何が望ましいか」は、合理的な議論の外にある問題なので関知しない、と開き直る。結果的に、その時代にもっとも発言力や影響力のある人たちに利用される知を提供するにとどまる。無批判な下請け御用学者である。

㈠と㈡ではなく、現実の教育をよくしようと思うなら、教育科学を探究する者であっても、規範を語る局面では、結局は実践的教育学の領域にふみこむことになる。価値判断や推測に関して、試行錯誤によるさまざまな蓄積がある実践的教育学を参照することで、意識的に／あるいは無自覚に、そこから規範や推測を借りてくることになるわけである。つまり、規範を語ろうとすると、教育科学を踏みこえねばならないのである。

しかしながら、教育科学の研究者は、みんながみんな、実践的教育学についてきちんと勉強しているわけでない。だから、もっと危ない、自分流のいささか偏った教育論をベースにして、これからのあるべき方向を論じる場合もでてくる。

㈢科学的方法によって検証できた知見に、自分の体験などからくる粗野な教育論や教育的信念をくっつけて、「あるべき教育」を指し示す。議論の中に登場するデータや事例はしっかりしたものだが、議論全体は乱暴で、飲み屋談義のレベルだったりする。

科学的認識の限定性

教育科学の危うさや限界の第二点目は、認識手続きの限定性にある。科学的研究で用いられる実証的な方法は、無限の多様性と複雑性をもった現実から、ある特定の部分を切り取って、そこでの規則性や傾向性を明らかにする、という手続きをとる。人間の生のあり方や社会の出来事は無限に複雑なのだが、科学的方法では、ある一面のみしかすくい取れないということである。

ブレツィンカが示した、「賞賛は生徒の成績を上昇させ、叱責は成績を低下させる」という命題を例にして考えてみよう。実践的理論や実証的教育学だと、これを規範として用いるのだが、科学的な実証研究では、この事実がどういう条件でどのぐらい起きるのかを研究していくことになる。だが、研究で視野に入れることができる条件は限られている。

仮に、aという特質をもつ生徒にはこの命題があてはまる率が高く、aという特質をもたない生徒はそうではない、といったことが明らかにされるとしよう。たとえば、それまでの成績がよくなかった生徒にはこの命題がよくあてはまり、トップ層の生徒にはむしろ逆のケースが多かった、と考えてみよう(以下も含め、あくまでも私の作ったフィクションである)。質問紙調査で統計的にそれが明らかにされたとして、それでよいのだろうか。

調査された学校によっては、それとは逆の傾向を示す学校があるかもしれない。学校の雰囲気によって全然ちがっている可能性である(条件bとする――以下同じ)。賞賛の仕方や叱責の仕方が、どのケースでも同じかどうかはわからない。いつ、どのようにほめるのか／叱るのかが、成績の良い生徒とそうでない生徒とでちがいがあるかもしれない(条件c)。本人の精神的な状態によっても、結果がちがっているかもしれない。自信を失っているか、それとも、現状に満足していたり、過剰な自信をもっていたりするか(条件d)。教師の賞賛の仕方や叱り方によってまったくちがう意味をもつかもしれない。教師との関係が良好なのかそうでないのかによってもちがうかもしれない(条件e)。そもそも勉強の中身がちがっていたら、逆の結果になったかもしれない。数学でほめられるのと、職業技能を教える科目でほめられるのとで、生徒の反応はちがっていたかもしれない(条件f)。……(以下、延々と続く)。

本来ならば、条件b以下のさまざまな条件をまったく同じにした上で、生徒のそれまでの成績別に、「賞賛は生徒の成績を上昇させ、叱責は成績を低下させる」という現象が、どういう生徒でみられるのかを研究する。条件b以下を一定の同質的なものにすることを、科学的研究では「条件の統制」というのだが、読んでもらったらわかるように、現実的にはそんなこと無理である。自然科学でそうであるような、実験室で他の条件をそろえて何かを検証する、というのは、そもそも無理なのである。

また、仮に、それらの条件を細かく統制して、とりあえずa―fまで全部把握した上で、賞賛が生徒の成績を上昇させるかどうかを検証してみたとしても、おそらく、上昇する生徒もいれば、そうでない生徒もいるはずである。育ち方や家庭の雰囲気、人格や気質などが一人ひとり異なっているからである。喜んで励みにする子もいれば、慢心してしまう子もいるだろう、ということである。地球温暖化のメカニズムは、要因(ここでいう条件)が多すぎて、なかなかちゃんとした結論に至らない。同様に、目の前のある生徒をほめたらどうなるのかは、誰にも確実なことはいえないのだ。科学的研究でいえるのは、「ある条件の下では、ある事象が起きやすい」ということまでなのである。

この点に関わって、あと三点、補足しておきたい。

一つは、仮にまったく斬新なほめ方や叱り方が登場したら、右に述べたような研究の知見は、まったく無効化してしまう可能性があるということである。そのときには、それまでの研究成果は、すべて古びてしまうことになるのである。というのも、こうした研究が依拠しているのは、ある時代の、ある文化の中での普通のほめ方・叱り方をした場合に、どういう結果になるのかを調べているのにすぎないからである。まったく斬新で効果的な「子どもが慢心しないほめ方」とか、「子どもをやる気にさせる叱り方」とかが、開発されれば、それまでの研究成果は一気にあてにならなくなる(蛇足になるが、そういう斬新なほめ方・叱り方を売り込む本は、今でも書店にたくさん並んでいる。だが、ほとんどすべて、今までの技法の陳腐なくり返しにすぎない)。

二つめに、ほめ方・叱り方だけでなく、他の諸条件も、時間とともに変化する。たとえば、子育てのやり方や、学校の雰囲気も変化する。だから、ある時期に綿密に研究されたことが、いつまでも有効性をもっているかどうかはわからない。戦後すぐの時期に学校調査で得られた知見のうち、今でも有効な部分はごく少ないだろう。研究の成果には賞味期限があり、研究するという作業は、賽の河原の石積みのようなものなのだ(だから、今すぐに広く使える確実な知は、常に不足している)。

三つめに、異なる社会で得られた知見がそのまま信頼できるかどうかにも問題がある。たとえば、米国じゅうのハイスクールを対象にした調査で得られた知見であっても、それが日本の高校でそのまま当てはまるかどうかは、慎重に吟味される必要がある。組織のあり方や人間関係の作られ方、生徒の文化など、社会的文脈がまったくちがっていたりするからである。たくさんの条件をきちんと統制した上で導き出された知見であったとしても、日本の高校とは異なる条件を、米国じゅうのハイスクールがもっているかもしれないのである。つまり、その知見のもとになったデータが、全部ある特殊な条件(日本の高校にはないもの)を共通にもっていて、その知見は特殊な条件(米国的な組織原理など)の下でのみ成り立つものである可能性があるのである。近年、「エビデンス・ベースドな(=証拠に基づいた)政策を」というかけ声で、実際には、日本の組織の現状をろくに考慮しないまま、米国などでの研究成果を無批判に受け入れ、機械的に導入しようとする傾向が広がっている。日本での検証もされないまま、日本の組織の実情から乖離したものが、そのまま押しつけられている。乱暴な傾向である。

現実への応用という飛躍

もう一つ、教育科学にとって大きな限界がある。科学的な手続きで、確実性を保証された命題があるとしても、それをいざ、実際に使おうとする局面には、危なっかしい飛躍が含まれてしまうのだ。

教育科学がきちんとした手続きでみつけだした法則なり規則性は、確かに確実な知といえる。一般化された命題として、さまざまな場で利用することは可能だろう。しかし、その法則なり規則性は、複雑な現実の中から、いろんな条件や因果関係を捨象して、純粋かつ単純な形で抽出されたものである。だから、そのシンプルな法則や規則性をそのまま現実にあてはめようとすると、実は、たくさんの問題が含まれてしまうことになる。いくつか論じてみる。

第一に、実証も検証もされないままのたくさんの仮説群が、補助的に動員されることになる。次のような例を考えてみよう。

「自発性が喚起されたときに、子どもの学習は効果が高い」――これはおそらく妥当性の高い命題だといえよう。実験室である種の実験を行えば、確実性は確認できる。

しかし、この命題を、現実の教室にどうもちこめばよいのか。「教師は何を学ばせるかを決めないで、子ども自身に学びたいものを選ばせる」という改革がなされるとするとどうだろうか。そこでは、「カリキュラムの内容や水準は何であってもよい」という前提がある。「すべての子どもは、何か自分で学びたいと思うものを明確にもっている」という仮説も含んでいる。あるいは、「どういう素材であっても自発的に学習しているうちに、本来学ぶことが期待されるたぐいの知の習得がなされるはずだ」という仮説の上にも立っている。そもそも、「教師の指示による学習は子どもの自発性を喚起しない」という仮説も前提にされている。――これらの仮説のいずれもが、十分な根拠をもたない「推測」にすぎない。だから、実際には、学習効果を高めるはずの改革だったのに、知的学習とはほど遠い活動になってしまったり、混乱だけが生じたりする。実際、一九六〇年代後半の米国で盛り上がったオープン・エデュケーション運動で生じたことは、これである（前掲『学校改革抗争の一〇〇年』)。

第二に、あらかじめ条件や影響をすべて予見することはできないので、思いがけない方面への結果や、想定外の要因による悪影響が生じる可能性がある。これは、「意図せざる結果」と呼ばれている。

引き続き、「教師は何を学ばせるかを決めないで、子ども自身に学びたいものを選ばせる」という改革の例で考えてみよう。

この改革による、思いがけない方面への結果は、たとえば、学校内の不規律問題が浮上する、といったことである。改革は、授業中、教師の目が行き届かない時間を過ごす子どもを大量に生み出す。教師の側は、子どもたちを放置するためにこの改革を導入したわけではないのだが、現実には、一人ひとりの興味・関心に対応しようとして、目の前の子ども一人に時間を奪われてしまうからである。その結果、たくさんの子どもが放置された状態になり、彼らは立ち歩きどころか、教室の外で集まって、遊んだり、騒いだりする。校内の秩序がメチャクチャになったりする。

想定外の要因の影響は、たとえば「社会的な階層」である。この例でいうと、おそらく、意図しない結果として、階層間の学力格差が大きくなる。子どもたちの生活環境の格差が、何を学びたいかの選択に直接反映することになるからである。すでに勉強への水路づけができている上位階層の子どもは、教科に関連した勉強を自分で選んでやる。それに対して、学校の教科に親近感をもたない階層の子どもは、何をどう学べばよいのかわからない、という事態に困惑する。それどころか、勉強がきらいな子どもたちが集まって、個別指導に追われる教師の目をかいくぐって遊びにふける。結果的に出身階層間の学力差が大きく開いてしまう――これもまた、米国の児童中心主義の教育改革の中でみられた現象である。

もう少し述べよう。今仮に、A↓Bという、科学的な手続きで、確実性を保証された命題があるとしよう。右の例でいうと、子どもの自発性↓学習効果、という因果関係である。これをa↓bという具体的な改革方法として導入したとする。aは「何を学ぶか自分で決めるという新しく導入された教育方法」、bは「生徒の知的能力」というものとしよう。

しかし、確実な命題であるA↓Bと、現実に採用されたa↓bとの間には距離がある。いろんな仮説をこっそり設定しないと、両者は結びつかない。これが、右に述べた第一点目である。

また、a↓c、a↓d……というふうに、改革者が想定していなかった因果関係があらわになることがある(cやdは、困った事態である)。また、中には、a↓s、s↓b、という経路で、bに対してマイナスに働く因果関係が生じるかもしれない。その場合には、仮にa↓bの直接的なプラスの関係がうまく生じたとしても、マイナスの効果をもつs↓bとの間で相互に打ち消し合うことになる。差し引きすると、改革前のやり方のほうが効果が高かった、ということもありうる。

ここでも二点、つけ加えておく。

一つは、現代の教育改革が、さしたる効果をあげないまま、現場を混乱させるばかりであるのは、右で述べたような、改革論の中で、さまざまな条件や想定外の要因に十分な配慮がなされていないからである。経済学モデルに基づく単純な原理（選択の導入や市場化は、効率性を高めるはずだ）などが、教育学も学校現場の実情も知らない人たちによって高唱され、外国と日本での条件や状況のちがいを無視して、乱暴に導入されている。教育学者や現場の声に耳を傾けないで改革がなされれば、現実の複雑さを無視した改革になってしまうのは当然のことである。

もう一つは、このようなことが起きたからといって、もとの命題A→Bがゆらぐことはない、ということである。選んだやり方（a→b）が悪かっただけだとか、教師を増員して十分な個別指導の体制が組めていたら成功したはずだとか、たまたまあのクラスには問題児がいたから混乱したのだとか、いくらでも失敗の理由はあるからである。だから、ある原理に基づく改革が失敗したとしても、原理そのものは傷つかない。とりあえず崇拝者を失ったりするのだが、原理そのものは否定されないまま、生き続ける。教科を体系だてて教え込もうとする系統主義と、子どもの生活や活動から自発的な学習の素材を見出そうとする経験主義とが、歴史的にみれば、改革論として振り子のように交互に浮上してきたりするのは、そうした理由による。

㈢　なぜ学ぶのか

実践的教育学と教育科学を使いこなす

実践的教育学も教育科学も、認識の根拠や確実さの面で、それぞれ固有の危なっかしさや限界をかかえている、ということを論じてきた。

実践的教育学は、㈠教育目標に何を据えるかという問題で、価値判断が関与している。㈡教育の方法と組織形態に関する問題で、あやしい推測がたくさんある。㈢子どもの性質や子どもを取りまく環境についての知では、科学的研究の成果が参照されない部分がある。

一方、教育科学では、㈠「どうするのが望ましいのか」という規範的言明は、科学的命題からは導かれない。㈡無限に複雑な人間の生のあり方や社会の出来事のうち、科学的方法ですくいとれるのは、限定的なある一面にすぎない。㈢科学的知見を現実へ応用しようとするといくつかの飛躍をせざるをえない。すなわち、(i)実証も検証もされないままのたくさんの仮説群が、補助的に動員される、(ii)思いがけない方面への結果や、想定外の要因による悪影響――「意図せざる結果」が生じる可能性がある。

あらためてこのように整理してみると、実践的教育学も教育科学も、頼りにならないような気がしてくるかもしれない。現実に役立てようとすると、どちらもあやしい部分がつきまとっているのである。少なくとも、「正しさ」が絶対的に保証されたものではないということは、了解しておく必要があるだろう。

しかしながら、「不十分な知だからすべて無視してよい」というふうにはならない。教育は日々行われているし、そこでは「何をどうすべきか」が常に問われている。だから、教育の現状についての何らかの認識や、教育のあるべき方向についての何らかの規範が、いつも求められているのである。もしも、実践的教育学の蓄積と教育科学の成果とを無視してしまうなら、教師や一般の人が、個人としてもっているような教育論（「実践理論」）が跳梁跋扈してしまうことになる。それは実践的教育学や教育科学の危うさよりもはるかに危険な事態を生むだろう。個人の思いつきや狭い体験が、教育のあり方を左右する唯一の足場になってしまうからである。

実践的教育学も教育科学も不十分な知であるからこそ、われわれはそれをきちんと学び、うまく使いこなしていく必要がある。常にそれらの危うさや限界を意識しながら使いこなすことができるためには、深く広く学ぶ必要がある。浅くしか学ばない者は、鵜呑みにするか、拒否するかしかないだろう。

実践的教育学は、正しさが確実に保証された知ではないけれども、それなりの歴史が積み上げられてきた。その中で、たくさんの原理や技術を、さまざまに活用できる「知の在庫」としてストックしてきた。また、それらの原理や技術の可能性や限界についても、過去の成功‐失敗の経験をふまえながら、つきつめて考察してきている。だから、これからの教育を考えるにあたって、きちんと参照されるに値するものをもっているのである。

教育科学は、明らかにできていることはごくわずかにすぎないし、すぐにそこからあるべき方向ややり方が出てくるわけではない。また、明らかになっていることを使おうとすると、さまざまな問題が生じる危険性もある。しかし、ある程度の確実さをもった知なので、うまく使えば、独断や偏見に振りまわされないで教育を考えていくことができる。

実践的教育学と教育科学の相補性

実践的教育学を志向する人と教育科学を志向する人とは、長い間、対立したり、相互に不干渉であったりしてきた。教育科学を打ちたてようとしてきた人は、実践的教育学の知の危うさを批判した。実践的教育学を擁護する人たちは、科学的方法で明らかにできることは限られている、と教育科学を批判した。

しかし、そんな狭い業界内のなわばり争いのようなことではなく、お互いが相互に補完しあっている関係であることが、もっと重視されてしかるべきだろう。相互に不可欠で、相互に補完的なのである。

実践的教育学が、より妥当な言明をしていくために、教育科学が不可欠である。子どもの性質や子どもを取りまく環境が科学的に明らかにされることは、よりよい教育目標の設定や、より有効な教育方法の選択につながる。教育科学がまだ登場していなかった時代には、哲学者や教育実践家が、この世界のあり方や子どもの本質などについての思索をめぐらし、体系的な実践的教育学を構想した。ただし、その思索は手探りで、しばしばドグマ(独断)や偏見を伴っていた。今では、教育科学の研究成果を参照することができる。部分的な知ではあれ、それなりに厳密な手続きを経た知を利用できるのである。よりよい実践的教育学のためには、その知を十二分に活用しない手はない。

教育科学は、もしも現実に対して有効な意味をもとうとするならば、実践的教育学に援助してもらわなければならない。教育科学の成果たる諸命題だけを使って組み合わせてみても、現実の教育をよくすることはできない。科学的な手続きで明らかにできている部分もできる部分も、限られているからである。現実に応用しようとするときには、何らかの規範や補助的な仮説を利用せざるをえない。その局面では、実践的教育学が参照されることになる。

技術知と反省知

さて、ここでもう一つ、教育学の知を分類するやり方を導入しておこう。その知が果たす機能による分類である。ここでの分類は、「技術知」と「反省知」の区分である。その分類をするのは、これが、「なぜ教育学が学ばれるべきなのか」という点と、密接に関わっているからである。

技術知とは、硬い表現でいえば、手段の合理性の追求に特化した知である。既存の目標を前提にした上で、手段を合理化し、効率や有用性を高めようとする知である。技術知としての教育学は、「何をすべきなのか」「どうすればうまくいくのか」……といった問いを扱う。「だれが、いつ、誰に対して、何を、どのように(教育するべきか)」という問いに直接に資するものである。「ある内容のカリキュラムをどう組み立てるか」「大学進学希望者の激増にどう対処するか」といった問いに答えようとする知が、その例である。

反省知としての教育学は、既存の現実や現実認識を相対化する知である。「反省」といっても、「ゴメンナサイ」のあれではない。自明のものとされてきているものを問い直し、ちがった角度からとらえ、より広い認識の地平に位置づけるような作業である。

第一章で、「教育」という言葉は、何かを「教える‐学ぶ」という事象を、一歩引いたところから認識することでえられる概念だ、と述べた。その意味では、技術知としての教育学は、すでに、一種の反省過程の中にある思考である。しかし、ここでいう反省知は、さらにもう一歩引いて、物事を見直してみる知のあり方を指す。だから、現実の「教える‐学ぶ」という事象からみると、二重に反省してみた地点にある知だといえる。

どういうことか。手段の合理化や効率化などとはかかわりのない地点から、その事象を見直してみる、ということである。たとえば、「ある内容でカリキュラムを組み立てられるという事態は、何を意味しているのか」という問いが、その例である。

手段の合理化・効率化とはかかわりのない地点といっても、そこにはたくさんの可能性がありそうである。実際、右の問いの「何を意味しているのか」を考えるためには、たくさんの視点の取り方がある。外国の学校でのカリキュラムと比べたり、歴史的な変化を調べたりして、目の前のカリキュラムがもつ特徴を明らかにする。目の前のカリキュラムにはどういう哲学的・人間学的な前提がかくれているのかを考察する。誰がどのように、このカリキュラムの作成にあたってきたのかを研究して、政治的な影響力の作用の仕方を明らかにする……。

こうした知は、技術知としての教育学とはちがって、すぐに教育の現場で役立つわけではない。むしろ、あたりまえと思っているものをそうではないと気づかせてくれたり、ぜんぜんちがう物事の見方を可能にしてくれたりするのである。

教育の歴史を研究する際にも、こうした二つの知がある。歴史をさかのぼって、すぐれたやり方をみつけだそうとする歴史研究がある。「誰それの教育思想から学ぶ」というやつである。それは技術知である。もう一方に、ある教育思想や教育方法などについて、それが登場・普及してきた過程や背景を究明していく歴史研究もある。それを通して、今われわれの前にある教育の現実が、どういう歴史的な因果関係や影響関係のもとで作られてきたのかを明らかにする、という研究である。反省知である。

とはいえ、知の内容が技術知か反省知かという点にはとどまらない。ある人には技術知であるものが、別の人には反省知として機能する、ということがある。

Aという方法を使って教育してきた人が、たまたまBという教育方法を学んだとする。それはAとはまったくちがう教育目標や子ども観の上に立っていたりする。「ああ、こういう見方とやり方があるのか」と思えば、自分がこれまで採用してきた方法(やその前提の教育目標や子ども観)をちがった目でながめることができる。その場合、Bという教育方法を知ることとは、それまでとは異なる地点から自分のAという方法を見直してみる機会——反省的な機会——になる。

高等教育の機会拡充のために、大学進学率の推移を男女別や都道府県別で細かく調べたデータが作られたとする。技術知である。それを、ある県の高校教師が見て、「ああ、これまであたりまえのように進路指導してきたけれど、自分の県の特徴はこうなっていたのか」と、何か気がつくことがあれば、それは反省知として機能していることになる。

つまり、知の内容であれ、知の果たす機能であれ、技術的な合理化・効率化に向けられた知と、もっと広い知の世界に現実を置き直してみる知とがあるのである。

なお、誤解のないように論じておくが、実践的教育学が規範を扱うからといってイコール技術知ではないし、教育科学が存在を記述するにとどまるからといってイコール反省知でもない。

教育目標や教育方法のあるべき像とされているものを、根本から問い直してみるような、実践的教育学の研究がある。ひねった角度から、これまでとはちがう視点を提示してくれるような研究もある。最終的な関心が、「教育者のための方向づけの援助」にあるにせよ、より本質的なものをさがしたり、より確実な足場をさがしたりするために、むしろ反省的思考という迂回路をたどる――そういったやり方があるのである。

同様に、事象をただ正確に認識しようとする教育科学の知が、意図的であれ、結果的であれ、技術知として使われることはよくある。手法自体は科学的だが、それがある規範にそった知見を得るために使われる、というふうなケースである。

教師のための知／市民のための知

本章の副題は、「教育学を学ぶ意味は何か?」だった。だが、学ぶのは誰なのか、ということを考えておかないといけない。教師になろうと思っている人やなっている人(以下「教師になる人」)

が学ぶのと、一般市民が学ぶのとでは、当然その意味はちがってくるだろう。

教師になる人にとって必要な教育学の知は何だろうか。

そもそも、教育学を何も学ばないまま、誰かを教育することだって、できないわけではない。自分が生徒として受けてきた体験を参照すれば、自分なりの信念と工夫とで何とか教えることはできそうだからである。教師としての仕事に必要な知識やノウハウは、教師になって職場の先輩や同僚から学べばすむかもしれない。採用試験のために勉強したことは、試験さえ受かってしまえば、もう不要だ。きれいさっぱり忘れてしまおう。

しかし、それでは困る。教師になる人は、自分で自分をリニューアルし、バージョン・アップしていってくれないと困る。

というのも、第一に、相手に応じて、時代に応じて、柔軟な教育の仕方の組み換えをやれるようになってもらわないと困る。いつも単一の「オレ流」で子どもと向かい合っていると、うまくいかないことがきっとある。ふと気がつくと、どうもこれまでのやり方ではうまくいかなくなっている、と思うときがきっとある。先輩や同僚に相談しても、自分と似たような歩みをしてきた人たちは、きっと誰もが同じような行き詰まりを感じていたりする。似たり寄ったりだ。みんなで頭を抱えることになる。過去のたくさんの「知の在庫」を知っていて、子どもの性質や教育を取りまく環境の現状をきちんと理解したら、もっと柔軟にやれるようになるはずだ。思いがけない展望が開かれるかもしれない。

第一章でも述べたように、大学で学んだ教育学は、たぶんそのままでは使い物にはならない。それは確かだ。だが、そこで学んでおいたことが、専門的な本を読んで理解することを可能にしてくれる。新しいノウハウを伝える本だけ読んでいたら、単なる付け焼き刃である。ちゃんとした教育学の本を手に取ってみることだ。きちんと教師としての見識を深めようと思ったら、技術知ではない、反省知のジャンルのものも読んでみることをお奨めする。もしも、大学時代に教育学をきちんと勉強していた人だったら、少し難しめの教育哲学の本とか、専門用語や図表がいっぱい出てくる教育社会学や教育心理学の本を、読みこなすことができる。細かな歴史的事実が丹念に書かれている教育史の本も、基礎的な知識が頭にあれば、読みこなすことができる。それらは、教育についての深い洞察の手がかりや、現代の教育についての広い見識のための基礎情報を与えてくれる。普段の実践に対して、きっと思いがけないヒントを与えてくれることがあるだろう。

もちろん、前に述べたように、実践的教育学も教育科学も不十分な知である。「絶対の真理」を与えてくれるわけではない。ただ、教師になる人が個人としてもっている実践理論や、現場の教師たちが集団的に共有している実践理論は、狭くて危うい。その狭さや危なっかしさを自覚させ、新しい可能性を教師(たち)が自力で現場から生み出すために、実践的教育学も教育科学も役に立つはずである。

一般市民(になる人)にとって、教育学を学ぶ意味は何だろうか。少なくとも二つの意味を挙げることができるだろう。

一つは、自らが教育する当事者になることが少なくない、ということである。子どもをもつ親になるという可能性は、かなり大きい。学齢期の子どもの親として、学校や教師と協議したりする機会もあるだろう。子どもの性質や学校教育の現状、教育という営みの本質などを学んでおくことは、根拠のない実践理論に振りまわされないですむから、有益であろう。あるいは、勤めている会社で新人の研修や育成に携わったり、地域で青少年の育成に携わったりする機会をもつ人もいるはずである。

もう一つは、現代の教育政策や教育改革の方向を左右するのが一般市民だ、ということである。さまざまな具体的改革案は、官僚や専門家が作ったりしている。しかし、改革を求めたり、逆に問題のある現状の放置を許したりしているのは、一般市民の世論である。一人ひとりが教育の現状をどうみてどう判断し、何をどう改革・改善すべきかについて、今よりももっとしっかりした見識をもつようになってもらえば、それによって教育は、ずいぶんよくなっていくはずである。メディアの扇情的な報道や、政治家による中身のないスローガンに振りまわされたりしないで、教育の現状や課題についてきちんと理解する市民――。そういう市民が増えれば、愚かな改革も回避できるだろうし、できるはずのことをやってきていない教育委員会や学校も、きっと改善されていくだろう。

居酒屋で教育談義で盛り上がってもよい。誰もがみんな、教育に関心をもっている証拠だ。だから、それはそれでよい。せめて少しはみんなに教育学の本でも読んでもらって、その議論の水準をアップしてもらえないものか、と思うのだが……。

三、教育の成功と失敗——教育学は社会の役に立つのか?

(一) 教育の不確実性

他者への試行

本章では、教育するためのテクノロジーが、教育学によって進歩・改善されてきているということを、論じたいと思う。ただし、その前に、教育するためのテクノロジーが、なぜ一生懸命あみ出されてこなければならなかったのかを、論じておこう。

第一章で、私は「教育」を、「誰かが意図的に、他者の学習を組織化しようとすることである」と定義しておいた。教育されるべき他者は、教育する者とは別の人格や背景をもった人間である。だから、教育とはかなりおせっかいな行為を意味している。そこらじゅうの人に問答をふっかけ、それぞれの人に無知を自覚させて回ったソクラテスは、アテネ市民の怒りと憎しみを買い、結局、死罪になってしまった。それはともかく、教育は、他者の生に介入し操作しようとするものであるため、権力性や抑圧や統制と、密接に関わることになる。

しかし、ここでは、権力性の問題については論じない。他人に対する働きかけということがもつ、もう一つの側面について論じることにする。それは、教育者の意図の通りに他者が学んでくれるとはかぎらない、ということである。

他者に対する働きかけだという点で、教育という営みには根本的な不確実さが存在している。第二章でも紹介したブレツィンカは、「「教育」といい表される社会的行為は、他の人間の心意的性向組織を変容しようとする、あるいは(特定の状況の下では)そのいくつかの構成要素を保持しようとする試行である」と述べている(前掲『教育科学の基礎概念』)。「試行」という点が重要なポイントである。「行為者がその行為によって実際に変容をもたらすかどうかは、この行為の時点では不確か」なのである。

システム論の観点から教育を考察した社会学者、ルーマンも同様の指摘をしている。ルーマンは、独自の内面をもった個人の存在を「心的システム」と呼んでいる。個人というのは完結したシステムだ、ということである。その「心的システム」からみると——すなわちその個人からみると——個人が接する外部からの情報は、教育的な働きかけも含め、すべてシステム外部の「環境」にすぎない。教育システムは心的システムに対して外部環境である、というのがルーマンの議論である(『社会の教育システム』)。

わかりにくい言い方だが、くだけていうと、教師が生徒に向かって何をしゃべっても、当の生徒には、教師の発する言葉は外部の環境にすぎない、ということである。

だから、第一に、教育を受ける側は、教育に対して、常にやりすごしたり離脱したりする自由をもっている。教科書を説明する教師の話は耳に入らず、「あー天気がいいなぁー」とか、「あの教師のネクタイ、面白い柄だなー」とか、そんなことを考えたりしたことは、誰しも覚えがあるだろう。それどころか、みんなと一緒に声を合わせて教科書を音読しながら、でも中身はちっとも頭に入っていないような状態もあるだろう。

第二に、教育を受ける側は、教育する側が意図したものとは全く異なるものを学んでしまう可能性もある。外部環境からの情報を、教育する側が意図したものとは異なる文脈で処理してしまうような事態である。

たとえば、教師が一所懸命説明したものが、まちがって理解されてしまうこともある。私が大学で講義していても、「Xという説があったけれども、それを批判するYという説が出てきて乗り越えられた」という話をしたはずなのに、試験をしてみると、「Xという説がある。Yという説もある」と書いてくる学生が少なくない。ノートに写したものを何でも片っぱしから覚えてしまえばよい、とでも思っているのだろうか。

あるいは、教師が思いもよらなかったことを、教育を受ける側が勝手に学んでしまうこともある。登下校の安全確保のための教育のつもりで教師が不審者の話をしたら、子どもたちが見知らぬ他者に対する不安感や、社会に対する不信感ばかりをつのらせてしまう結果になるかもしれない。競争的なやり方をとった算数の教え方が、他の子どもに対する優越感や劣等感ばかりを醸成する結果になるかもしれない。

また、何げない教師の一言が生徒の心を深く傷つけてしまうこともあるし、逆に、教師がさほど意識することもなく発した、自分ではもう忘れてしまったような一言を、生徒が感銘深く後々まで覚えていたりすることもある。教師の意図とは無関係に、そういうことが起きてしまうのである。

第三に、教育の働きかけは、相手(と相手の状態)によって、まったく異なる結果が生じてしまう。たとえば、ある状況で、教師が生徒を叱るべきか/許すべきか、励ますべきか/慰めればよいのか、定まった正解はない。叱ると奮起する生徒もいるかもしれないし、叱るといじけてしまう生徒もいるかもしれない。同じ生徒でも、その日の状況によって、教師の発する一言の受けとめ方はちがっている。気分がよい状態のときには「先生にピシッと叱ってもらってよかった」と受けとめるかもしれない生徒が、気分がすぐれないときには、「先生に叱られて、もうダメだ」と思い悩んでしまうかもしれないのである。

第四に、だから、教育に失敗はつきものである。やってみないとわからないのが、教育なのである。教育という働きかけがもつ意図と、現実に得られる結果(効果)とは別ものだからである。先に触れたブレツィンカはいう。


教育活動は、試行を含んでいる。あることを行おうと試みる人は、必ずしも成果を収めるとは限らない。「試行の成果は、試行そのものの外にある諸要因にかかっている。つまり、世界全体がその場合手助けをしなければならない。」したがって、教育はまた成果のないものである。あることを試行することは、失敗を敢えてすることを意味する。ある行為を「教育」といい表すことは、それゆえに行為の目標が達成されるということを予告するものではない。目標が達成されないにしても、つまり成果がもたらされないにしても、そのことによって行為を「教育」と呼ぶことが誤りにはならない。（前掲『教育科学の基礎概念』）

結果がどうなるかわからないにもかかわらず、教育する者は、あえて試行として教育的な働きかけを行う。当然、予想は外れることがあり、失敗が起こる。だが、その行為は意図によって「教育」とみなされるのであって、結果から「教育か否か」が判定されるのではない——そういうことである。

教育の試行性と、教育の失敗が当然生じることとについては、ルーマンも同様に述べている。ただ、ブレツィンカよりももっと突きはなした表現で、次のように論じている。

教育システムにおいては、作動によって解消することのできない不定性と取り組んでいくしかない。人間を対象とする教育的作動に当てはめれば、成功するとも失敗するとも言えない不確かさを除去することなど、不可能だということになる。教育がそれでもやっていけるのはなぜか。それは、成功を自分の手柄にし、失敗を(自己の環境に他ならない)クライエントの特殊性のせいにするからである。(前掲『社会の教育システム』)

うまくいったら、自分が教育したためだといい、うまくいかなかったら生徒(被教育者)のせいにする——そういう仕掛けになっているということである。

そのことを「むしがよすぎる」と怒ってはいけない。教育は、それによって、失敗を含めた結果について、無限に生起しうる非難をかろうじて免れ、新しい「試行」への挑戦が可能になっているのである。どんなに誠実でスキルをもった教師でも、よく失敗する。結果が予見できないにもかかわらず、試行として行為をせざるをえない営み——それが教育なのである。

教育の〈悲劇性〉

教育のこうした不確定性を、〈悲劇性〉という語であらわそうとする教育学者もいる。教育は〈悲劇性〉をその本質的な性質としてもっている、というのである(丸山恭司「教育という悲劇、教育における他者」)。

ここで「悲劇性」というのは、悲しい結末が訪れてしまう、という常識的な意味ではない。そうではなくて、ギリシャ悲劇とその観客のような関係で、行為者は自らの行為の意味を十全に把握できておらず、ただ観客のみがそれを知っている、というふうな構図のことである。劇中の登場人物たちは、みんなそれぞれが「よかれ」と思って行為するのだが、にもかかわらず誰にも出来事の結末を見通すことができない。結果的に、登場人物たちの予測を超えた結末が到来することになる。

教育も、そのギリシャ悲劇の登場人物たちと同じ構図におかれている、というのである。しかも教育の場合、すべてを見通した観客はどこにもいない関係である。教育者も被教育者も、ともに劇中の登場人物のように、それぞれが何かを考えながら行為する。しかし、「登場人物の誰かの意図通りの結果が実現する」というふうにはならない。

結果的に悲しい出来事が起きてしまうのが「悲劇」だが、吉本新喜劇のような、登場人物たちの予測を超えたハッピーな結末も、同じ構造である。たとえば、ひょんなことから知り合った二人が、実は幼い頃に生き別れになった兄妹だったりする。二人はそれに気づかないでいる。でも、ドタバタの末に、兄妹であることが偶然に判明し、ハッピー・エンドをむかえる、といった展開である。

教育でも、よかれと思ってやったことが裏目に出たりする一方で、予想外のハプニングが、思わぬいい結果をもたらすことがあったりもする。だから、教育の不確定性を、上品な教育哲学者にならって〈教育の悲劇性〉と呼んでもよいけれども、もうちょっと明るく「教育のもつ吉本新喜劇的不条理」と呼んでもよいかもしれない。要は、誰かの思い通りには決してならない、ということだ。

教育哲学者の鈴木晶子は、「今教育に求められているのは、教育という営み自体が所詮は賭けの要素を含み込んだ不確実なものであるということを認めること、そしてその計画可能性や企図可能性の限界を知った上で、教育を実験として見立てていくという実用的態度ではなかろうか」と述べている（『イマヌエル・カントの葬列――教育的眼差しの彼方へ』）。教育哲学者が突きつめて考えていくと、結局、教育は「賭け」だ、ということになる。教育は、他者に対する行為であるかぎり、結末は予見しきれない確率論的な「賭け」なのである。

学習可能性と教育可能性の距離

第一章で述べたとおり、教育の成功のためには、他者(被教育者)の学習が伴うことが条件となる。当人の学習なしに教育はありえない。ブレツィンカも次のように述べている。「他の人間の性向組織の変容は、直接に引き起こされるのではなく、せいぜい間接的に課題や学習の機会を準備することを通じて、また彼の動機づけへ影響を及ぼすことを通じて、いくらかそれに貢献することが試みられうる。学習を達成することができるのは、学習者自身だけである」。

人間が自らの意志で何かを学びうるという特質を「学習可能性」と呼ぶならば、ほとんどすべての人が、学習可能性をもっているといえるだろう。周囲の環境からまったく何も学ばないで成長する人間はいない。

幼い子どもがいつのまにか言葉をしゃべり始めるのは、大人たちが教育的意図をもって話しかけた成果であるとはいえないだろう。むしろ、周囲の環境にある音の中から、一定の音と事物とを結びつける学習を、子どもが自らの意志で行った結果だといえる。あるいは、「矯正は不可能」として裁判官に死刑を告げられた重罪犯であっても、学習可能性はもっている。少なくとも、刑の執行までの収容施設での生活において、刑務官の指示にそった行動をする中で、受刑者としてのふるまい方を学習しているといえる。だから、学習可能性はそこらじゅうで現実化している、いつのまにか実際に学習が起きている、といえる。

「教育可能性」という語と対比させてみよう。この語がいつできたのかは知らないが、一八三五年にヘルバルトが『教育学講義綱要』の冒頭で、「教育学の根本概念は、教育可能性(Bildsamkeit)である」と宣言しているらしい(宮寺晃夫「言語と教育——分析は思想を超えられるか」)。田中毎実による「教育可能性」の定義を紹介しておけば、「教師が教育的働きかけによって生徒の自己形成力と切り結びつつ生徒の内に切り開く教育的働きかけの余地」(教育思想史学会編『教育思想事典』)である。子ども自身の中にあるというよりも、特定の教育関係の中に見出される性質のものである。「教育可能性」とは、ある内容と方法で教育をしようとする者(教育者)が、他者(被教育者)の中に、自分の行為(すなわち、ある内容と方法をともなった教育という行為)を受け入れる素地をみつけだそうとする概念なのである。学習可能性は単独の個人の特質を単に記述したものだが、それに対して、この教育可能性は、教育者と被教育者との間の教育関係を、教育者の側からまなざした概念である。

ここで重要なことは、教育が可能であるためには、被教育者が教育を受け入れてくれないといけないということである。田中の定義における、「生徒の自己形成力と切り結びつつ」という箇所がそれを示している。教育という働きかけは、当人が学ぼうとする意志をもつときにのみ、円滑に学習へと転換される。このことは、モレンハウアーがもっとストレートにいってくれている。「子どもの教育可能性はたしかに外的な刺激によって発動するが、それはこの刺激に子どもが活動をもって応えることを必要条件とするのだ」(前掲『忘れられた連関』)。教育としてなされた行為に対し、被教育者の側が、その教育的意図に沿って自らの学習を組織化してくれることが、教育を成立させる条件になるのである。

さて、ここで論じておきたいのは、被教育者の学習可能性を、教育者にとっての教育可能性に転用するためには、何をどうすればよいのかが、解けない難問だ、ということである。教育学の議論の多くは、この問題のまわりをぐるぐる回っている。

「すべての子どもは学びたがっている。しかも、私が教えたいと思っていることを、すべての子どもは学びたがっているはずだ」と、無邪気に想定すれば、この問題は解決する。だが、その想定は大きな誤りである。物事をそういう単純さで割り切ってしまうような人は、しばしば厳しい現実からしっぺ返しを食うことになるだろう。子どもはそういうものではないし、教育はそういうものではないのだ(とはいうものの、ごくたまに、そういう単純な教育者が望外な成功を収めてしまうことがないわけではない。相手と条件とに恵まれれば、そういうことが起きる)。

(二) 教育可能性に向けたテクノロジー

体罰による教育

「被教育者の学習可能性を、教育者にとっての教育可能性に転用するためには、何をどうすればよいのかが、解けない難問だ」と述べた。子どもがすでに知っているもの、身につけているものは、もはや教える必要がない。教育する側が教えたいと思っているものは、ほとんどの場合、子どもがまだ知らないもの、子どもにまだ身についていないものである。だから、それは、当の子どもにとっては疎遠なものである。教育する側がいくら「これを子どもに教えたい」と思っても、子どもの側は、それがどれほどの価値や意義があるものか、わからない。だって、まだ知らないことなのだから。

それゆえ、その「隙間」を埋めるための仕掛けや技術が必要になる。被学習者にとっての学習可能性を、教育者にとっての教育可能性に転用するというのは、教育する側が教えたいと思っているものを、子どもの側で「学びたい」とか「学ばなくちゃ」と思わせるということである。

西洋近代の教育思想‐教育学の中では、そのために、さまざまなアイデアが提出され、試みられてきた。近代の教育思想の展開のある側面は、子どもたちの内発的な動機での学習をいかにして生起させるかについての、思想とテクノロジーの創出の歴史であったとみることができる。ここでは、そうした観点から、教授方法や内容の刷新について簡単にみておこう。

近代教育思想が出てくる前には、罰による威嚇が、子どもに「学ばなくちゃ」と思わせるための、ほぼ唯一の手段であった。

中世からルネッサンス期の教育論では、子どもは堕落しやすい存在なので、ともかくひたすら罰を与えることが必要だとされていた。「子供というものは、悪への傾向がつよく、善への傾向の少ないものであるから、当然きびしい仕おきの下におかねばならぬ。従ってまた子供は、しばしば罰せねばならぬ」(ジョヴァンニ・ドミニキ『家政の規則』一四〇四年。前掲『西洋教育思想史 第一』から再引)といったふうである。

一六世紀初期の大思想家、エラスムス(一四六九頃―一五三六年)は、ヒューマニスティックな視点から当時の教師や学校を批判して、次のように書き残している。

私はたいへん厳格で、子供の頑固さをためなおし、また軽薄な子供をしっかり者に鍛えるには鞭でなぐるのが一番いいと信じていた神学の先生を知っている。彼は客を招いて食事をする度ごとに必ず食事のすんだあとで、だれか生徒を呼び出して、客の前でなぐりつけるのが例であった。しかもそれはまったくなんの罪も犯していない生徒であることがしばしばだった。それはまことに驚くべきことであるが、それは生徒たちを笞打ちに慣れさせ、それに耐えさせるためだというのである。(前掲『西洋教育思想史 第一』)

やっと四歳になったばかり位の年頃の子供を、あの無教養で、百姓くさい、不道徳な教師が営んでいる学校に入れるなどということは、子供にとってめいわく千万なことである。……この連中のやっている学校ときたら、学校というよりも、むしろ拷問所といった方がふさわしい有様である。そこでは笞や棒でなぐる音が響きわたり、そこから聞こえてくるものは、子供の悲鳴やすすり泣きの声と、それから先生のおそろしいどなり声だけである。こんな所では子供は勉強がきらいになるばかりである。(同前)

こうした記述からわかるのは、当時の教育が、子どもの側の内面について、ものすごく簡単に片づけていたということである。「子どもに、自ら欲して学ばせる」といった発想はなかったといってよいかもしれない。子どもたちが勉強する動機は、子どもたちは、罰がこわいから学んでいたわけである。逆にいうと、「こわがらせる」ことが、ほぼ唯一のテクノロジーだった。

何せ当時の学校は、はるか大昔の言葉であるラテン語やギリシャ語の章句の暗唱や記憶が、教育内容の中心であった。どんなに含蓄のある美文・名文であっても、それをただひたすら暗記・暗唱させられたら(それをキケロ主義 Ciceronianism という)、子どもたちにとって面白いわけがない。

エラスムスが生きていた一六世紀初めの時代は、ヨーロッパ中の知識人・教養人は、まだラテン語を話していた。学問に関わる文書はほとんどすべてラテン語で書かれていたし、ギリシャ語やラテン語の文献が、高尚な知を追究するために利用しうるほとんど唯一の手がかりだった。

それゆえ、学校では何よりも、ラテン語やギリシャ語が学ばれねばならなかった。より高尚な学問を学んだり、知識人同士でコミュニケーションするための道具だったからである。とはいえ、それは子どもたちにとっては苦痛であっただろう。自分の日常生活からかけ離れたことを勉強させられていたのだから。

だからといって、体罰が横行する学校は悲惨である。こうした学校の現状をきびしく批判したエラスムス自身は、代わりに、子どもが興味をもつような教材、遊びを活用した学習、競争心を利用する方法などを提起している。競争心の活用についていうと、ギリシャ語やラテン語を書いた的に弓を引かせ、当たったり発音できたりした場合には、拍手とお菓子を与えるといったものだった(前掲『教育を構想する人びと』)。しかし、それらの提起は、教育技術としては、現実にあまり影響を及ぼさなかった。子どもの興味や遊びの活用が本格的に導入されるようになるのは、三〇〇年も後の一九世紀に入ってからになる。

鈴木晶子は、一八世紀ドイツのある教師の体罰日誌を紹介している(前掲『イマヌエル・カントの葬列』)。教師としての五〇年以上の奉職期間中に、ムチ打ちが九一万一五二七回、定規で打ったのが二万九八九回、……だったという。特別に体罰が多かった教師なのかもしれないが、実に驚くべき数字だ。何かを教える時間よりも、体罰をしていた時間のほうが長かったのではないかとすら思わせる。ともあれ、一九世紀に至るまで、体罰が横行していたことは明らかである。

競争というテクノロジー

体罰に代えてエラスムスが奨めたもののうち、競争心を利用する方法だけは、一六世紀半ば以降、教授技術の新しいテクノロジーとして現実に登場し、普及していった。当時、イエズス会のコレージュが、学習の動機づけに競争を活用する方法をあみ出し、それが大変な成功を収めたのである。

競争の活用というアイデアそのものは、すぐ前で述べたエラスムスが論じていた。さかのぼるとローマ帝政期に書かれ一四一六年に完全写本が発見された、クインティリアヌスの『弁論家の教育』(九五年頃)にすでにあったようである(ハミルトン『学校教育の理論に向けて――クラス・カリキュラム・一斉教授の思想と歴史』)。だが、デュルケームにいわせれば、一六世紀は、集団の中に個人が埋没していた中世の社会が終わり、「自我を意識し、独自の観念と関心領域をもつにいたった個人」が登場してきた時代であった。だからこそ、イエズス会の新技術が爆発的な成功を収めたのだとみることができるのである(デュルケーム『フランス教育思想史』)。

イエズス会のコレージュが採用したのは、たとえば、生徒の集団をローマ組とカルタゴ組に分けて、お互いの集団を競争をさせる、といったやり方である。「ローマ組のやつらに負けるな!」というわけだ。勉強だけでなく、行状の評価をめぐる競争でもあった。これは、どこかでみたことのあるやり方だ。そうそう、あの映画『ハリー・ポッター』の一場面で、「優勝は……、グリフィンドール!」「イェーィ!」というやつである。

イエズス会の編み出した競争の仕組みは、実に手がこんでいた。各組には、毎月の試験の成績をもとに名誉ある高官が選ばれた。優秀者が皇帝、長官、護民官、元老院議員といった称号で呼ばれたのである。ローマ帝国の政治制度から借りた称号だが、生徒たちにはとても名誉なことだったらしい。他方、各組は一〇人ずつの組に分けられ、その一〇人組同士が成績を競った。最後に、一〇人組のめいめいは、対応する一〇人組の誰かをライバルとした。個人レベルでも集団レベルでも周到に競争相手が用意されていたわけである。

競争の中に組み込まれていると、多くの子どもたちは競争に勝つことをめざすようになる。競争に勝つのが嬉しいから学ぶ、あるいは、競争で負けるのが不愉快だから学ぶ、というふうな形で、教育を受ける側の自発的な意志による学習が生じてくるわけである。

一九世紀初めに英国のベンサムが富裕市民階層の子どもを対象に構想した、クレストマティアと呼ばれる学校計画では、競争心を刺激することが、教育を成功させるための重要な仕掛けとなっていた。毎日の成績を細かく記録しておいて、それを生徒の間で比較して、その結果に応じて進級させるというしくみが構想されていた。「進度記録の原理」「熟達度比較の原理」「席次取得の原理」といわれるやり方である。ほぼ同時期に普及していった庶民向けのモニトリアル・スクール(助教法学校)も、個人間の競争を制度化した仕組みだった。勉強が進むと集団内での自分の地位が上がっていく仕掛けである。

一六世紀のイエズス会のコレージュから始まった、こうした競争の組織化というテクノロジーは、現代の学校まで延々と生き延びてきている。教育学の中での評判は、決してよくないけれども、競争を子どもの学習動機に活用することは、現実には近現代の学校文化において、非常に大きな位置を占め続けてきているのである。

現在の日本の小学校では、競争をあおる文化は比較的抑制されるようになったが、明治の小学校では、試験が村をあげての大イベントになっていたし、試験の成績で進級が決められていた(天野郁夫『試験の社会史――近代日本の試験・教育・社会』)。また、成績順に座席が決められたりもしていたそうである。どうでもよいことだが、最後列から順に成績優秀者を座らせ、最前列にできの悪い生徒を座らせるやり方と、できの悪い生徒を成績優秀者の隣りに座らせる方式とがあったらしい(斎藤勝雄「明治時代における栃木県の教育について」)。大正期には、学力別のクラス編成で、「優組」「劣組」という露骨な名前がつけられていた小学校もあったという。

また、班単位の競争やクラス単位の競争も、戦後の集団主義教育の盛り上がりの中で採用され、しばらく前まではよくやられていた。集団主義教育とは、そうした集団間の競争に個人を巻き込むことで、個々の子どもの主体的な取り組みを生み出そうとする仕掛けであったということができる。

もっと競争をうながす仕掛けが、テストや成績評価といったものである。それらは、単純な「学力を測る、伝える」という役割をこえて、競争のための道具として機能してきた。他者との比較のために測定‐評価がなされ、その点数の多寡が、子どもが勉強する動機を作り出す、ということである。もっと簡単なやり方としては、中学や高校では、校内順位とかクラス内順位とかを知らせたり、得点上位者の名前を貼り出したりするようなことが、長い間続けられてきた。

「競争のために勉強に励む」というのは、豊かな人間性などからほど遠いような気がするし、子どもが努力に励む動機としては、手段と目的をとりちがえているようで、いささかなさけない気がする。とはいえ、考えてみると、鞭の恐怖や脅しで勉強させるよりは、競争のほうがマイルドな感じがするのも確かである。

実際、一八世紀末の汎愛派のバセドウも、先ほど触れた功利主義者のベンサムも、子どもの名誉心に訴える競争という方法は、体罰を使わないでよいという点ですぐれたやり方だ、と推奨していた。「競争」というのは、体罰で脅かさなくても子どもが勉強するという、驚くべき新技術だったわけである。

発達に沿った教育

体罰にせよ競争にせよ、教える側が用いる手段のレベルの話である。そこでは、被教育者の側の人間像(子ども像)はシンプルなものだった。罰を怖がる/賞賛を欲する、というぐらいである。

しかし、次第に、教育を受ける側である子どもの側に立って教育をまなざすことで、教育を受け入れる素地を子ども内部に探そうという視点が登場してきた。子どもそのものをきちんと知ることで、あるいは、子どもの目線に立つことで、どうすれば教育が子どもの主体的な学習を誘発するのかを考えようとするようになってきたわけである。教えるという営みが、学ぶ側の内的な条件・状況に沿ったものでなければならない――こういう観点から子どもという存在を考察することで、教育的働きかけを「教育可能性」に基づいて組織化しようとする動きが登場する。

そうした流れの水源に位置するのが、ルソーである。ルソーは、『エミール』(一七六二年)の中で、「このうえなく賢明な人々でさえ、大人が知らなければならないことに熱中して、子どもには何が学べるかを考えない」と批判している。世の中の人たちが、子どもに教えたい・学ばせたいと思うことばかり議論してきていて、子どもが何を学べるのかきちんと考えてきていなかった、というのである。ルソーは、子どもの心理的・知的発達に沿った教育(「市民を作る」教育と対比させて、ルソーは「人間を作る」教育と呼んでいる)の姿を描いてみせる。子どもの心理的・知的発達に従った教育——ここに大きな視点の転換がある。

ただし、「子どもの心理的・知的発達」などという硬い言葉はまだ使われていなかった。当時のキイ・ワードは「自然」である。ルソーは「生まれたときにわたしたちがもってなかったもので、大人になって必要となるものは、すべて教育によってあたえられる」といい、その教育を三種類に分ける。

この教育は、自然か人間か事物によってあたえられる。わたしたちの能力と器官の内部的発展は自然の教育である。この発展をいかに利用すべきかを教えるのは人間の教育である。わたしたちを刺激する事物についてわたしたち自身の経験が獲得するのは事物の教育である。(『エミール』)

そして、ルソーは、「能力と器官の内部的発展」すなわち「自然の教育」に沿って、他の二つ(「人間の教育」「事物の教育」)を組み立てるべきだと訴える。子どもの自生的発達である「自然の教育」だけは、「わたしたちの力ではどうすることもできない」。だからこそ三種類の教育は、そのうちの「自然の教育」＝発達の論理に沿って組織されねばならない、というのである。「完全な教育には三つの教育の一致が必要なのだから、わたしたちの力でどうすることもできないものにほかの二つを一致させなければならない」というふうに。

ルソーに先立って、子どもの能力や欲求にあった教授方法・内容をあみ出そうとしたコメニウスも、やや強引なアナロジー(類推)ではあったが、「自然」をその立論に使っていた。季節に応じて花が咲くように自然は適時を選ぶのだから、教材の配列も年齢に応じておこなえ、というように。また、『エミール』に深く心酔したペスタロッチ(一七四六—一八二七年)もまた、「自然」を無視した言語教育をおこなっている学校を批判し、「自然」に沿った教育を求めた(『隠者の夕暮』)。コメニウス、ルソー、ペスタロッチの三者の「自然」に関わる議論に共通しているのは、子どもの発達や成長をふまえ、それに応じた教育をおこなうべきだというものである。

このように書いてくると、「一七世紀のコメニウスから、一九世紀に入る時代に生きたペスタロッチまで、ただ同じことをいっているんじゃないか」と思われるかもしれない。だが、そうではない。

コメニウスの議論には、子どもの本質や発達に関する視点が欠けていた。それに対して、ルソーは、子どもの発達をいくつかの年齢段階に分け、その段階ごとに子どもの内的特質を注視し、それに応じた教育のあり方を具体的に論じた(だから、ルソーは単なる「自然人」を作ろうとしたのではない。最終的には市民的徳を有した主体を形成することを『エミール』は主題としていた)。それゆえ、コメニウスからルソーへの間には、大きな認識上の転換があった。ルソーに「子どもの発見」を見出す教育学者の議論は、この点を重視しているのである。

また、ルソーからペスタロッチへという間にも、大きな発展があった。ルソーの『エミール』は、家庭教師と子どもの関係を、小説として論じたものであった。新しい教育の原理を、寓話を通して描いたにとどまっていたといえる。家庭教師である「わたし」は、エミールを田舎に連れていき、隔離された空間の中で濃密かつ理想的な教育をおこなう。――そういう筋立ての本である。確かにいろいろなインスピレーションを与えてくれる本ではあるが、「これは原則を述べた書物であって、けっして実用的な教育法の本ではない」(訳者・今野一雄による「解説」)のである。そこでは、具体的な学校論も教授法論も欠けていた。現実の学校がどう組織されるべきか、現実の授業がどう組み立てられるべきかといった点は、考察されないままだったのである。

それに対して、ペスタロッチは、自ら設立した孤児院での教育実践、ブルックドルフ等で運営した学校において、どういう教授法がなされるべきなのかを徹底して追究した。学校教育を受ける以前に、現実の子どもたちの心理的・知的発達に適合的な教授法を確立しようとしたわけである。

ペスタロッチが重視した原理は「直観」(Anschauung)である。証拠や論証もなく「これだ!」という、「直感」ではない。われわれは、ある事物についての概念を獲得する前に、すでにその事物について、概念や記号を使わない形で理解している。それが「直観」である。

子どもたちは学校で学ぶ以前に、生活の中でさまざまな印象や観念をすでに獲得している。たとえば窓枠とか犬とか、普段知っているものがある。そこで、窓枠をみさせて「四角形」を教えたり、犬の絵をみせて「いぬ」の「い」という文字を教えたりするというふうな教え方をすれば、無理なく学習が進むことになる。事物の直観を数・形・語の獲得に結びつける教授法である。「メトーデ」といわれているものである。「彼は直観をすべての教授の基礎にすえ、教授を人間の認識能力の合自然的な法則、つまり、子どもの自然本性=精神の発達において働く法則に徹底的に従わせようとした。そのための「直観の術」を発見したのである」(福田弘「ゲルトルート児童教授法」、金子茂・三笠乙彦編著『教育名著の愉しみ』)。

ペスタロッチの主著『ゲルトルート児童教授法』(一八〇一年)について、梅根悟は、「後の時代の経験主義的教育思想は、この自然による直観教育を学校において一層豊富なものにすることを学校の最初の使命とするようになるが……ペスタロッチの直観教授法はそうではなくて、むしろ学校の使命を端的に、大急ぎで概念的知識を与えることにおいた上で、その教授をできるだけ学校以前に子供たちが得ている直観的、前概念的な観念に結合して進めようというにすぎない」(『西洋教育思想史 第三――自由主義教育思想の時代』)と述べている。だが、それは否定的にとらえるべきでない。それまでの教育に比べると、実に大きな一歩であった。子どもの頭の中、子どもの心の動きに配慮した上で、それに見合った教育方法と教育内容を考えるという、近現代の学校教育のさまざまな理論や技術のスタートになったといえるからである。

ペスタロッチが一八〇五年にイヴェルドンに作った学校には、数多くの国からたくさんの教育関係者や学者が、その新しいやり方を学ぶために訪れた。それによって、大陸諸国(特にドイツ)では、まったく新しい教授法が広まっていった。そのころモニトリアル・システム(助教法)が流行していイギリスとアメリカでも、一八四〇年代ぐらいからは、ペスタロッチ主義の教授法が広まっていった。

普段われわれは教育に携わりながら、「教えている子どもが、どういう思考のプロセスをたどりながら理解するのか」に注意を払いながら教えるようになっている。だが、それは、二〇〇年前の技術革新――ペスタロッチによる教授法の刷新――に端を発しているのだ、ということになる。

現代まで生きるヘルバルト

ペスタロッチから強い影響を受けながら、そうした「子どもの内面」を取り込んだ教育学を、アカデミックな著作として体系化したのが、第一章でも触れた、ドイツの哲学者ヘルバルトだった。彼の哲学上の業績は今では顧みられることはないが、彼の教育学がその後の教育学や現実の学校教育に及ぼした影響は、はかりしれない。

彼は、教育の目的は倫理学(実践哲学)から、教育の方法は心理学から、基礎づけられないといけないと考えた。ここで注目するべきは、彼が教授法の基礎を心理学に求めた点である。ルソーとペスタロッチが切り開いた視点を、「子どもの心の動きをふまえる」という観点に発展させて、心理学に基礎をおく教授法理論を展開した点が、ヘルバルトの議論の大きな意義であった。

ただし、ここでいう「心理学」は、現在の実証的な心理学とはまったく違っていた。哲学的に厳密に定義したさまざまな概念を使って心の動きを分類・記述しつつ、相互の関係を論理づけるというものである。今のわれわれの目からみるとかなりいいかげんな(恣意的な)ものだった。たとえば、「興味」には、「経験的興味、思弁的興味、審美的興味、同情的興味、社会的興味、宗教的興味」の六種類があり、前三者は「認識」に属する事柄であり、後三者は「同情」に属する事柄である。そして、同情に属する事柄においては、教授は直感的・連続的・向上的で、現実感に関与するべきものである、といったふうな議論である。正直なところ、私にはちんぷんかんぷんである。私は本書を書くために、ヘルバルトの『一般教育学』を読んでみようとしたのだが、私の頭の中でたくさんの概念がグルグル回って、ちっとも読み進められなかった。まいりました。

しかしながら、このヘルバルトの議論が、教育には大きな影響を与えた。教授法の確立に大きな意味をもったのである。ヘルバルトの議論を手がかりに、子どもの心の動きを授業の展開と重ね合わせる教授法が開発され、全世界に普及したのだ。

ヘルバルトの議論は、ちょっとわかりにくいけれど、次のような感じである。

子どもの「興味」には多面性があり、大きく分けると対象に没入する「専心」と、そこで獲得した表象を自らのものとする「致思」とがある。「専心」には、物事を明瞭にみること(明瞭)と、表象(言葉やイメージ)を相互につなげること(連合)とがある。「致思」には、いろんな表象を大きな枠組みの中に体系づけること(系統)と、新しい関連づけを生み出すこと(方法)とがある。教授という作用は、このような子どもの側の明瞭・連合・系統・方法という心の動きに関連づけられねばならない、しかも、その四種は教授過程においては順序性をもっている――というふうなことである。子どもがある事物を認識する筋道は、明瞭→連合→系統→方法という心理的な展開過程をたどって高まっていく。それに合わせて、教授も四つの段階を経ることになる(指示・結合・教授・哲学)。いや、こう書きながら読者にはわかりにくいと思う。読み飛ばしてもらえばよい。

この難解なヘルバルトの議論を、ヘルバルトの弟子たちが教授技術論へと応用していった。一九世紀後半に行われたこのリメイク作業によって、ヘルバルトの議論は現実の初等教育に大きな影響を与えるものになった。ツィラー(一八一七―一八八二年)は、ヘルバルトの教授四段階論のうち、第一段階を二分して分析→総合→連合→系統→方法という五段階の教授論を打ち出した。ライン(一八四七―一九二九年)は、予備→提示→比較→総括→応用という、実用的な五段階の教授論を作り上げた。たとえば、「予備」では、教師は面白い図を示したり話をしたりして、これから学ぶ知識を今まで知っている知識と結びつける準備をする、「提示」では、新しく学ぶべき事項を提示して反復させる……といったふうである。この五段階教授法が、一九世紀後半の欧米で支配的な教授法になった。子どもの興味・関心を喚起しつつ認識の発展へと導く、この教授法が、現在の学校教育における授業の基礎マニュアルになったわけである。

実際、明治二〇年代に日本の小学校に導入された教授法は、ラインらの五段階教授法であった。江戸時代以来の寺子屋ふうの授業や、明治初年に入ってきたペスタロッチ主義の教授法などを押しのけて、またたく間に全国に普及した。授業の展開に筋をつけ、教案を作る際のわかりやすい手引きになったのである。「五段五段で汗流し、今日もおなかがへるばると」という変なフレーズが、小学校教師の間で流行したらしい。

その後、大正時代以降になって、五段階教授法の形式主義的な性格が批判されたり、一斉教授法ではない授業の仕方が導入されてきたりしている。しかしそれでも、今でも五段階教授法で作られた授業展開の考え方は、ずっと生き続けてきている。子どもの心の動きをあらかじめ想定した授業展開の組み立て、ということである。

個別教授から一斉教授へ

もう一つ、一九世紀に広がった重要なテクノロジーは、一斉教授ないしクラス教授である。一人の教師が教室で生徒の集団に向けて授業をする、という形態である。先ほど述べた五段階教授法による授業展開は、学級という単位の生徒集団全体に向けて、教師が働きかける形態をとる。

一九世紀の英米両国の教授組織の変化を考察したハミルトンのすぐれた研究によれば、一八世紀までの教授法は、中世以来の一対一の個別教授の原則に則っていた。中世の学校では、「すべての生徒が同じ文章を「学んでいる」という事態はありえなかった」し、「すべての学生が授業時間に教師の面前にいなければならない」必要はなかったし、「学生たちが彼ら自身の教育目標に到達したのちも引き続き学校にとどまる見込みはなかった」。これまで一斉教授法の最終的な起源とされてきたド・ラ・サール(一六五一—一七一九)の学校も、子細に検討したハミルトンによれば、「ラ・サールの教育は未だ前世紀の個人主義的アプローチに従っていた」(前掲『学校教育の理論に向けて』)。その実態は個別教授だったということである。

一九世紀初頭の約三〇年間、モニトリアル・スクール(助教法学校)が非常に影響力をもった。それは「一斉教授法のスタート」といわれることもあるが、ハミルトンや安川哲夫にいわせると、それはちがっている。システムの原理からいうと、個別教授を累積的に同時に実施することを可能にしたしくみにすぎなかった。

こうした教授方法に代わって一八三〇年頃から提唱されるようになったのが、一斉教授法である。広く普及するまでしばらくの期間はかかったが、一八七〇年代には、学級の生徒集団に対面して、教師が子どもの心の動きを読みとりながら、質問と応答を重ねつつ理解を深めさせていくという教授法(ハミルトンは「クラス教授」と呼ぶ)が、明確な姿をあらわすに至った。

考えてみれば、寺子屋(日本)やおばさん学校(英国)などのように、子どもが順番に教師の前に進み出て個別に指導を受けるという、旧来の個別教授の形態では、指導を受けていない子どもが、その間、学習に専念してくれる保証はなかった。それに対して、モニトリアル・スクールは、すべての子どもを学習に専念させるしくみではあった。だが、そのやり方で可能なのは、せいぜい定型化されたものを暗記させる作業であった。モニトリアル・システムへの批判をまとめた佐伯正一は次のようにまとめている。「要するに助教法は、きわめて年の少ない児童が教えるのであるから、宗教教育や道徳教育は不可能であり、3R'sの教授もきわめて機械的で、子どもに暗誦させ丸暗記させるものであったから、彼らに理解させたり考えさせたりすることはできない」(『民衆教育の発展――産業革命期イギリスにおけるそれの実態と問題点に関する研究』)。

それと比べると、一斉教授法は実に斬新な教授法であったといえる。一斉教授法のもとでは、「子ども一人ひとりの心」が「常に教師の影響下に」おかれることになる(一八四〇年英国の枢密院委員会議事録)からである。現代では、「画一的」と批判されがちな一斉教授法であるけれども、歴史的にさかのぼってみると、子ども一人ひとりに暗記ではなく理解を促し、教師が集団全体に配慮をすることが可能な教授法として提唱されたのだといえる。

それどころか、ハミルトンによれば、イギリスでクラスが支配的な組織単位になったのは、まさに、個別化の原理(次に述べる)が盛んに唱えられるようになった一九世紀末―二〇世紀初頭だったという。学校の規模が大きくなり、学校建築の構造が変わってクラス別に仕切られるようになって初めて、一人の先生がクラスのみんなの様子を意識しながら授業ができるようになったわけである。

クラスを単位とした一斉教授は、批判を浴びながらも、現在までずっと存続してきている。日本の教師は、「学級づくり」や「学級集団づくり」の実践など、伝統的に、学級集団の教育力をどう活かすかということに、教授上の工夫の精力を注いできた(竹内常一『生活指導の理論』)。「時代遅れ」とレッテルを貼ることは簡単だが、そうした歴史的遺産にまだ再評価すべきものが残っていないかどうか、あらためて考えてみる必要があるような気がしている。

一九世紀の教育学の限界

ペスタロッチやヘルバルトを基点とした一九世紀の教育学は、ルソーが発見した「子どもの内面的発達に従った教育」を、学校教育における教授法や教育内容に反映させる努力に、精力を注いだといえよう。方法レベルでいうと、機械的な暗記をさせるという一八世紀までの教授法から、一九世紀には理解を重視する教授法へと転換した。漢文の素読を頑迷なやり方だと考える、今のわれわれの見方は、実はペスタロッチやヘルバルトに負っていたのである。彼らの議論は内容面でも刷新につながった。大衆向けの初等教育に地理や理科(自然との触れ合いなど)が入ってきたのは、ペスタロッチ主義の影響であった。歴史や文学が付け加わっていったのは、ヘルバルト主義の影響だったといわれている(前掲『カバリー教育史』)。

しかしながら、そこには大きな限界が存在していた。「子どもの内面」といっても、現実の個々の子どものそれに応じた教授法などではなく、あくまでも哲学的・思弁的に組み立てられた「子どもの内面」にすぎなかった。だから、そこにはいくつかの問題点が存在していた。

第一に、子どもの自発性が考慮に入れられていなかった。ペスタロッチ主義やヘルバルト主義による教授法では、生徒には、教師があらかじめ設定した筋道を忠実にたどることだけが求められるのである。もちろん学習は、主体としての子ども自身の自己活動である。だが、それは、あくまでも教師による働きかけへの応答としての自己活動である。子どもは、教師による働きかけに反応するだけの、受動的な存在としてしか想定されていなかった、といってもよい。教師による問いかけと生徒による答え、という形の授業は、ある意味で、教師によって最も強力に統御された空間を作り出すことになった。

第二に、「子ども」は単一で均質な存在とみなされていた。現実の子どもの多様性は、十分考慮に入れられていたわけではなかったのである。子どもたちはみんな共通の心的性質・知的発達の道筋をもつ、と想定することで、五段階教授法のような学級集団を対象にした一斉教授が成り立つことになる。

もちろん、そのことを高く評価することもできる。たとえば、すべての子どもに教育可能性を見出すという、平等思想を教育の中で展開する足場になったということである。生まれつき人間の質には優劣があるという思想は、プラトンまでさかのぼりうる古くからある思想であった。当時のヨーロッパは現代の日本以上に、生まれ落ちた身分や階級によって、子どもたちの「生」のあり方が、はなはだしく異なっていた。だから、はなはだしい成育環境の差は、貧民の子どもには知的発達が不可能だといった論や、だから身分別・階級別の教育が当然だ、といった論を、容易によびこんでしまっていた。しかし、ペスタロッチやヘルバルトのように、「子ども」を単一で均質な存在として、そこに「教育可能性」を見出すとすると、身分や階級に関わりない「教育」の可能性を想定できるということになる。

ペスタロッチが下層民衆の子どもを対象にした孤児院での試みを通して、子どもが有する教育可能性を示したこと、そしてそれが近代教育学における一般的な「子どもの教育可能性」のすぐれた例証となったことは、実に重要なことだった。「金持ちの子どもも貧乏人の子どもも、どういう子どもでも、みな均しく教育可能性をもっている」ということになるからである。

しかしながら、現実の目の前にいる子どもは、決して単一で均質な存在ではない。多様な生育環境、多様な関心や興味や予備知識をもった、個々別々の存在である。だから、ヘルバルト主義による教授実践は、「機械的で画一的だ」という批判を浴びるようになった。

先ほどふれたように、理論上は、ヘルバルト派の教授法では、一斉教授であっても、一人ひとりの様子に配慮しながら、ということは不可能ではない。誰にどう質問するかに配慮したり、授業中に生徒一人ひとりの様子に気を配ったりすることは可能である。実際、日本では「学級」を単位とした一斉授業をしながら、教師が一人ひとりに注意を払うというやり方で、ながらく教育がなされてきた。

だが、現実的にみると、一クラス五〇人も六〇人もいる中で教える場合には、個々の生徒に配慮することには、限界がある。どうしても、授業は機械的で画一的な部分が生じてしまうことになる。

第三に、一九世紀の教育学には、子どもという存在に関する科学的認識が欠如していた。一九世紀の教育学の基礎になったのが、教育実践家(ペスタロッチ)と哲学者(ヘルバルト)の著作であったという点に、象徴的に示されている。当時の教育学は、実証科学の知見に裏づけられていなかったのである。第二章で紹介したブレツィンカの議論に照らすと、「教育科学」は存在していなかったし、実践的教育学の重要な構成要素となるべき、「子どもの性質や子どもを取りまく環境についての知」にも、科学的研究の成果が反映されていなかった。

それゆえ、どんなに立派な教育学的著作であっても、著者自らの教育体験や観察をもとにした子ども観や教育観・社会観が、十分な根拠のないまま、議論の前提となっていた。子どもという存在がどういうものであるかについての議論は、依然として「私は〜と思う」というレベルにとどまっていたわけである。だから、「教育学」を名乗っていても、体験的教育論とさほど変わらない面があったといえる。

進歩主義教育運動のインパクト

一九世紀の末に登場してきて二〇世紀の教育学の本流を作る、進歩主義教育運動は、こうした限界を打ち破るものであった。

根本は、「子ども一人ひとりがちがっているから、それに応じた教育をする」という、革命的な考え方だった。それは「新教育」と呼ばれる運動を全世界で巻き起こした。

教授技術のレベルでは、個別に何かを教えるということ自体は、実は、一斉教授よりも歴史が古かったことは先ほど述べた。しかし、一八世紀までの個別教授法は、教師が順番に個々の子どもに教える、というやり方だった。だから教師に教えてもらう順番に当たっていない子どもは、必ずしも学習に専念しているとはかぎらなかった。一八世紀ヨーロッパの民衆学校でも、明治維新以前の日本の寺子屋でも、大多数の子どもたちは教師の管理下にない時間——学習とは無縁な時間——を過ごしたのだった。

それに対して、ここで登場してきたのは、すべての子どもにバラバラなことをさせつつ、同時に、どの子も学習が進むような教授技術であった。

まず、能動的な活動主体としての「子どもの発見」であり、個々の子どもに内在するものを、教育の方法や目的の中心に据えようとするものであった。この考え方のもとでは、子どもは単一で均質な存在ではなかった。一人ひとりがユニークな存在で、しかも、それぞれが発達に向かう内在的な可能性をもった存在であった。その個々の子どもの能動性や自発性を教授法の基礎にすえたわけである。

たとえば、デューイは、シカゴの実験学校で、子どもたちが自ら設定した課題を解いていくという課題解決型の学習を導入した。子ども一人ひとりが学習の進め方を自ら主体的に決めて、その課題に取り組んだ。子どもたちは、フェニキア文明の考察から大工仕事まで、多様な教材に取り組んだ。一九二〇年代には、キルパトリックらによって提唱されたプロジェクト・メソッドという方法へと発展した。

あるいは、個別分化した自学自習というやり方も採用された。アメリカの小学校教師パーカーストは、ドルトン・プランといわれる教授法をあみ出した。一人ひとりが教師と相談し、あらかじめセットされた教材の中から自分で選んだものを、自ら学んでいくというやり方である。

子ども一人ひとりのちがいに応じた内容や方法を採用し、彼ら一人ひとりの自発性に依拠して学習を進めさせる――今日まで多くの教育者を魅了し続けている考え方が、ここで登場してきたわけである。

テクノロジーの進歩

ここでは、教授法思想の変化を簡単にたどってきた。二〇世紀の間にあみ出された、たくさんの技術的工夫や革新をさらにたどろうとすると、それはそれで数冊の本を書く必要があるだろう。だが、ペスタロッチ‐ヘルバルトの線で生み出されたものと、デューイや新教育運動の中で生み出されたものが、今でも二つの大きな基本だということができる。前者は、子どもを一か所に集めて、彼らに対面した教師が一斉教授で教えるというやり方である。後者は、個々の子どもにバラバラに作業をさせながら、全体としてはどの子も学習が進むようなやり方である。ヘルバルトが『一般教育学』を書いてから二〇〇年、デューイがシカゴの実験学校を作ってから一〇〇年がたった。だが、われわれは、まだ彼らが編み出した教授思想の恩恵を受けているといえる。

現代のわれわれは、学校教育にはムチや体罰が不可欠だとも考えていないし、競争心をあおって勉強させるのは邪道なやり方だと思っている。そのように考えられるのは、子どもの学習可能性を教育可能性へと組織するための、テクノロジーの進歩のおかげだといえる。「教育なんてものはいつの時代も同じものさ」と思い込んでいる人は、考えをあらためてほしい。

とはいうものの、現実にはこうしたテクノロジーが、学校教育から問題をなくしたわけではない。この節の最後に、この点を論じておきたい。

近代の教育思想の展開は、子どもたちの内発的な動機での学習をいかにして生起させるかについての、思想とテクノロジーの創出の歴史であった、と前に述べた。しかしながら実は、すべての子どもが就学する公教育の制度が発達する以前の時代には、このテクノロジーは必ずしも必要とされていはいなかった。というのも、学校は困った子どもを追い出し(放逐)、子どもは学校がつまらなければ簡単にやめた(退出)からである。放逐と退出が常態であった時代には、教育可能性を保障する教授技術がないと困るわけではなかった。教育は容易に放棄され、拒否された。

だが、一九世紀以降、すべての子どもを対象にした公教育が発展してくると、事態は根本から変化した。学校教育が次のような原理で成果をあげることが求められるようになったのである。

- 社会の中のあらゆる子どもを
- かぎられた年限の間に
- 人間形成の多面的な側面に配慮しながら
- 読み書き算にとどまらない多様な科目を
- 一定の達成水準に向けて、教育する

これは考えてみると、ものすごくハードルの高い課題である。勉強したがっている特定の子どもを選び出して、無制限な時間の中で教育しろといわれれば、きっと教育は十分な成果をあげるだろう。だが、右の条件は、まったく異なる。しかも、放逐も退出もないとすると……。すべての子どもに対して、どう教育が可能なのかが、教育に関わる者にとっての最も重要な問題の一つになったのは、当然のことかもしれない。

一九―二〇世紀に教育制度は拡大し続け、社会のあらゆる子どもが、学校の生徒として〈教師‐生徒〉関係の中に組み込まれていったのだが、ここで重要なのは、それの反面として、教師の側も、放逐も退出もない〈教師‐生徒〉関係へと投げ込まれたということである。教師に求められるものは、以前に比べておそろしく複雑で、しかも困難なものとなった。それを、どううまく構築していくのかが求められることになったのである。

だが、これまであみ出されてきたテクノロジーを総動員しても、教育は成功するとはかぎらない。教育は、原理的に「技術欠如」(ルーマン)なのである。だから、その関係は、常に〈教育の悲劇性〉に悩まされ続けることになる。

教育の革新の契機

(三) 教育学と社会

この章の副題では、「教育学は社会の役に立つのか?」という問いを掲げておいた。教育がもしも社会の役に立っているのであるとすると、教育学は役に立っていることになる。なぜならば、現実の教育を組み立てている概念や原理や技術の多くは、教育学のこれまでの蓄積の上に成り立っているからである。

たとえば、「発達」とか「子ども」といった、基本概念を思い浮かべてみればよい。われわれは子どもの発達について、なにがしかのことを共通了解としながら教育について議論している。実際には、その「発達」の中身は、実践的教育学や教育科学が提示してきたものが一般に普及したものであるといえる(中世にはなかった)。「子ども」も同様である。われわれがもつ「本来の子ども」というイメージは、教育学者や教育思想家が描き出してきたものが、世間に広まったものである。それは、「ムチや罰が不可欠」と考えた、イタリア・ルネッサンス期の子ども像とはまったく異なっている。

ただし、ここまでの教育上の革新が、いつも教育学者の頭の中から紡ぎ出されてきた、というふうにいうと、まちがっているだろう。そもそも、ペスタロッチは教育学者ではなく、教育実践家だった。たとえ後の時代の教育学者がペスタロッチの著作をもとにさまざまな学問的議論を組み立てたとしても、真の教育上の革新は、教育実践家たるペスタロッチにあった。デューイによる教育思想の革新も、現実の教育の動きに先立って登場したわけではなかった。一八七〇年代にマサチューセッツ州クインシーの教育長として定型的なカリキュラムを排したパーカーに始まる新教育の、大きな流れの中にデューイは位置していた。

教育学が学問として成立したとされるこの二〇〇年を振り返ってみると、教育の新しい革新は、しばしば、教育実践家や教育行政家の中から生まれてきている。また、イリイチやフーコーのように、「教育学者」には分類されえないような思想家の著作が、教育のとらえ方を大きく転換させてきた部分もあった。

日本の教育で考えても、大正新教育運動を担ったのは数多くの教育実践家たちだし、綴り方教育や平和教育など多くのユニークな教授思想は、教育現場から作られてきた部分が大きい。教育思想家とされる人を思い浮かべても、帝国大学や高等師範学校の教授などではなく、福沢諭吉とか森有礼のように、アカデミックな教育学とは無縁な人物こそが、自前の言葉で思索した著作を残していたりする。

だから、新しい革新的な思想を作り出すのは教育学者で、現場の教師や学校がそれを現実化するだけだ、という像を描くのは誤りである。

教育学の貢献

とはいうものの、教育学が現実の教育の変動に大きな影響を与えてきたことは確かである。たとえば、世界のどこかで新しい動きが登場してきているとき、その新しい動きをいち早く仕入れてきて、これからの教育が向かうべき方向として提示する役割を、教育学者は果たしてきた。へルバルト主義の著作やデューイの教育思想を咀嚼し、日本で紹介していく教育学者がいたからこそ、江戸時代にはなかった公教育制度が成立し、さらにその後の学校や授業のあり方に変化が生じてきたといえる。現代でも、イリイチやフーコーの議論を読み込み、現実の目の前の教育につながるような議論をする教育学者がいたおかげで、二〇〇〇年代の日本の学校論や教育論は、一九八〇年代のものとはまったく内容が異なるものになっている。

あるいは、現実の目の前の教育にまず変化が生じ、その新しい動きをまとまった思想や理論として描き直すことも、教育学者が果たしてきた役割である。しばしば、時代の変化に敏感に反応した個々の教師や教育行政家による、現場レベルでの革新的な努力が先行する場合がある。新しい授業のやり方とか、新しい理念を掲げた学校とか、新しい教育行政の仕組みとかが作られる。新しい思想が文学的表現で描かれる場合もある。ある子どもの自殺やある教師の起こした事件が、新しい教育現実の登場を象徴する場合もありうる。

そうしたものは、誰かが理論化・体系化しないかぎりは、あくまでも、個々バラバラな事例にすぎない。教育学者は、個々の事例が帯びた個別性の向こう側にある共通性や関係性をかぎ当てて、理論的に再構成する。そのことによって、われわれは、新しい動きを共通の名前で指し示されるものと考え、その教育上の意義や一般性を語りうることになる。そのような作業——教育思想や社会の変化の中に位置づけて説明し、理論的・体系的にとらえなおす作業——が、次の時代に向けて教育行政や学校や教師が取り組むべき課題を明らかにし、その取り組みの方向を明示する役割を果たすのである。

進歩主義的な教育運動が広がった中で、デューイが果たした役割はそれだった。バラバラに展開してきていた、それまでの運動の体系性や関連性が明らかになるような理論化と体系化の作業をデューイはおこなった。そのことによって、デューイの著作は、その後のアメリカの教育が向かうべき方向についての、不可欠なテキストとなったのである。

日本の戦後教育の中における教育学者の位置も同様である。東西冷戦体制を背景に、政策批判の運動や、対抗的な運動が、教育界に広がった。そうした中、一九五〇―六〇年代には、勝田守一や宗像誠也らが、当時の教育現実の性格を説明し、教育運動のあるべき方向について議論を組み立てた。七〇―八〇年代には、堀尾輝久がその役割の中心を担った。彼ら教育学者たちによる理論化や体系化を経ることによって、個々の実践や個々の運動の教育学的な意味づけが、思想的に明確化されていったことはまちがいない。歴史的にみて、当時の教育学者の議論がどう総括されるべきかについては、あらためて問われるべき重要な問題だとしても。

そのように考えてみると、教育学者――特に、二〇世紀になって以降の教育学者――は、教育の現実についてのさまざまな出来事の再解釈者としての役割を、主として担ってきたといえるだろう。そこには、教育の現実との間に、主として四つの回路があった。

第一に、地味な学術的研究を通して、教育学内部での教育のとらえ方をより適切なものにしていく回路である。日本中で数人しか読まれないような学術論文が、ある分野の最先端の課題を解いているような例はたくさんある。

第二に、政策・制度や運動の原理や理念の構築に関与していくことによってである。単なる教室の実践だけでなく、教育行政の制度や学校経営、地域との関係など、多様なトピックに関して、教育学は「どうあるべきか」を論じてきた。それが、政策や運動を介して現実に反映していく側面が確かに存在してきた。

第三に、一般向けの著作や講演を通して、人々の教育に関する考え方に影響を与えてきた。実現すべき教育に関する理想は、常に複数存在してきた。ある社会のある時点において、何が選択されるべきかについての議論に、教育学者も関わってきたわけである。

第四に、教育を通じてという回路がある。教育学の研究者の多くは、師範学校や大学で教員養成に関わってきた。未来の教師に対して、ある時点での教育学のエッセンスを教えることで、教育の現場に新しい考え方や見方を広める役割を果たしてきた。

だから、もし現実の教育が社会の役に立っているとすると、教育学はその不可欠な構成要素として、役に立ってきたといえる。ということは、逆に、教育が社会にとって有害な作用を及ぼした部分があるとすると、その責任の一部は、教育学が負うべきことになるだろう。

四、この世界に対して教育がなしうること——教育学の未来はどうなるのか？

㈠　何のための教育か

目的なき技術知

今の学校は問題が山積している。それらを一つひとつ解決していくことが、教師だけでなく、教育学にも求められている。技術的なレベルでの改善や工夫は、いろいろできるだろうし、これまでと同様に、今後もなされていくだろう。教育学は、制度や組織・経営のあり方、カリキュラムや指導法のあり方を提案して、それらの教育問題の軽減や解決に役立っていくかもしれない。

——でも、それでどうだというのだろうか。今の学校に問題があるとして、その問題を解決するのが教育学の使命だという見方は、ある狭い円環を回っているだけのようにも思われる。教育学は、教育というシステムを詳細にデザインし、それを正当化してきた。そのシステムの抱える病理を、その知が自ら内部で解決する、ということにすぎないのではないか。自分が出した毒を自分で中和する、というふうなものだ。だがしかし、教育学はそれでよいのか。単に、今学校の中で問題だとされているものを、減らしたり、なくしたりすることだけが、教育学の使命なのか。もちろん、今の学校が抱える問題に教育学が取り組むこと自体は悪くない。教育学がそういう現実応答性をもつのは、好ましい。

教育学の知は決して盤石ではない。第二章で論じたように、教育学は根拠や妥当性が不十分な議論で成り立っている。また、科学的な検証を経た知見を現実に応用しようとすると、危なっかしい仮説を抱え込んでしまわざるをえない。また、第三章で述べたように、そもそも、教育のもつ原理的な不確実性のゆえに、子どもたちは、教師や教育学者の思い通りには決してならない。

しかしながら、思慮深い洞察や、たくさんの成功・失敗の経験の観察や、科学的手続きによる事実や因果関係の確認によって、教育学は、ある程度は頼りになる知を積み上げてきている。それは確かであろう。

だから、教育学は、教育問題を解決するために一般の人たちが考えている処方箋よりも、もう少しはましな知を提供することはできるにちがいない。あやしい人が売り込んでくる、「特効薬！」と称するインチキ薬よりは、「効果はかぎられていますけれど……」と言いながら教育学者が処方する薬のほうが、たぶん現実の教育にとってよいはずである。不確かであやふやな部分はどうしてもつきまとうにせよ、「よりましな知」である教育学の研究が、もしも現場の問題を軽減したり解決したりできていけば、それはそれで結構なことである。

考えてみないといけないのはその先である。

学校内で起きているさまざまな問題が仮にすべて解決したとしよう。そこでは、われわれはどういう学校を思い浮かべればよいだろうか。「いじめのない学校」「不登校の子どもがいなくなった学校」「勉強ぎらいの子がいなくなった学校」「校内暴力を起こしたり、校則を違反したりする子がいなくなった学校」……。仮に問題をすべて解決した後の学校は、何をめざすのだろうか。問題がなくなった後の学校に、教育学者は何を期待するのか。「〜がない学校」を理想とするのは、結局は、今ある学校教育に与えられている役割や目標を、無批判に維持するだけであるにすぎないのではないだろうか。

ここで問題にしたいことは、「どういうふうに教育をしたらよいのか」がやかましいぐらいに議論されてきている中で、「われわれはどの方向に向けて、子どもたちを教育しようとするのか」という問いをきちんと考えないといけないのではないか、ということである。

教育基本法には「教育の目的」「教育の目標」が定められている。学校教育法にも学習指導要領にも目標がたくさん書かれている。日常の学校の教育活動でも、細かな目標が独自に山ほど設定されている。でも、しかし、なぜそれらが必要なのか。法律に書かれているから、というのでは納得できる理由にはならない。教育学は目的についての議論を素通りして、単に内容や方法のみを扱えばよい、ということになってしまうからである。そこでは、教育学は目的なき技術論に陥ってしまう。

教育学のシニシズム

田代尚弘や小玉重夫は、「教育のシニシズム」という言葉で、教育が手段・方法至上主義に陥っている現状を批判している。教育目的や理念をそっちのけにして、ひたすら手段・方法の効率や有効性のみが追求されるような事態である。田代は、明治以来の学歴取得競争を、「手段としての教育」の効用追求に特化した状態ととらえている(小笠原道雄編『教育の哲学』)。小玉は、子どもとうまく関係がとれるかどうかが教育実践の良し悪しを判断する基準になってしまっている事態を問題視している(『シティズンシップの教育思想』)。要は、「教育の目的」とは切り離されたところで、目先の現実的効用の追求や達成のみが、教師たちの目標になってしまう、ということである。

だが、田代が注意深く「教育(学)」と括弧を付けて示しているように、このシニシズムは、教育学が陥っている問題状況でもある。

『近代教育フォーラム』第一号(一九九二年)で、原聡介が、教育可能性論を歴史的にたどりなおしながら、今の教育学が陥っている事態の本質を、次のように言いあてている。

本来、教育はどう言ったとしても、目的の外在性を前提にしなければならないのだろうけれども、それを明確にできないまま、いやわれわれは内在的目的を大事にするといいつつ、あるいはその振りをしながら、結局は何もしない。その結果、技術主義的に子どもの乱開発にひたすら従事するか、さもなければ good hands を誰か別のところ例えば政策担当者に委ねてしまい、その下請け仕事としての教育学に甘んじることになる。（原聡介「近代における教育可能性概念の展開を追う」）

教育学は、子どもの中に教育可能性を見出し、そこに対して有効に働きかけるための技術知として発展してきた。その発展の方向は、「何に向かって教育するのか」という目的（外在的目的）はたなあげにしたまま、「子どもには可能性があるのだから教育する」という論理（内在的目的）に従うものだった。だから、「何に向かって教育するのか」という問いについては、教育学は口ごもってしまう。子どもに内在する発達可能な部分をみさかいなく伸ばしていくということになるか、あるいは、政策担当者に決めてもらうしかない状態だ、というのである。

原にいわせると、近代教育学は、内在的発達観に基づいて目的論を自然（子どもに内在する発達の可能性）に委ね、「自らは方法の学としての道を歩んできた」。だが、その「発達の助成」という「目的」は無内容だ、と原はいう。

教育の目的を一般的に語る時、たとえば、「子どもがもって生まれた無限の可能性を引きだし、花開かせてやることである」とか、「全面発達を保証することである」などといういい方が好んで用いられる。ところが、これらのいい方は、一見そうであるのと違い、教育の目的を述べるものではなくて、目的についてはなにも規定するものではない。なんのためにそうするのか、そこにふくまれている人間像はなにか、についてなにもいっていない。(原聡介編『教育の本質と可能性』)。

子どもが発達可能な存在だというのはそうだろう。でも、ではなぜ、その発達途上の子どもに「教育」という名で介入するのか、その介入は、どういう規準や方向でなされるのか——内実が何も示されていないのである。

原の問題提起はとても重要である。現代の教育学にとってもっと深刻な危機は、まさに「教育の目的」に関わる問題群をスルーしてきている点にあるのではないか、と思うからである。今ある学校教育の役割や目的をどう考えていけばよいかをカッコに入れて無視したまま、具体的な目標と手段の問題ばかりが考究されている。究極的な方向づけを欠いたまま、学校教育の「改善」が、教育学者によって語られているのである。

(二) ポストモダン論の衝撃

臆病な教育哲学

学校教育がめざすべき方向について、教育哲学者にもっと語ってほしいと私は思っている。現代の教育哲学者(少なくとも日本の)は、この点でずいぶん禁欲的な感じである。いや、禁欲的すぎる。

一つの態度は、まさに原が批判の対象に据えているような、内在的目的論に足場を据えるという姿勢である。人間の性質や子どもの発達についての確実な言明から、発達可能性や教育可能性をともかく追求する、というやり方である。

これはこれで、現実の教育に対する批判的な視点にはなってきた。現実の学校はおかしい、現実の教育政策はおかしい、もっと子どもの本来のあり方に沿った教育を、という論法の批判である。ひたすら経済発展に奉仕しようとする教育政策への批判の論理として有効であったし、学校教育が偏狭な政治的意図で利用されること——たとえば軍事的目的や治安の目的のための道具として使われること——に対する歯止めにもなる。

しかしながら、すでに述べたとおり、そうした議論は、「何に向かって教育するのか」についての指針を与えてくれるものではない。まちがってはいないにしても、不十分なのである。

もう一つの態度は、現代の教育や学校について論じる際に、やや難解な考察の中にこっそりと忍び込ませたり、誰かの思想を研究素材にしてこねくり回している中に、おずおずと自分なりの考えをほのめかしたりする、といったやり方である。できるだけ不確実さや恣意性を除去して、確実な論理を組み立てて、あるべき方向についての選択肢を明確にしたり、選択肢に優先順位をつけたりする作業である。この慎重な議論の仕方は悪くない、と私は思う。

ただし、現状は、あまりに教育の現実との間に距離がありすぎる。できるだけ確実な言明を慎重に積み上げていこうとするあまり、現代の教育や社会が急激に変容しつつあるときに、それに十分対応しきれていないような気がする。

現代の教育哲学者が、教育の目的について語ることに臆病なのは、一九八〇―九〇年代にポストモダン論が流行したことの影響があるのかもしれない。近代教育学は、普遍的な基礎づけをさがしてきた。あるいは、その基礎の上に教育学を構築してきたつもりだった。ポストモダン論は、そうした知が絶対的な根拠をもたないことを明るみに出してしまったからである。誰からも文句が出ない「教育の目的」はありえない、と。

もう少し説明しよう。近代教育学は、どこかに究極の原理を据え、そこから、あるべき人間やあるべき社会の方向を導きだし、それに向けた教育の目的や方法・内容を決めていく、といった形で、自らの議論を正当化してきた。たとえば、近代初期のコメニウスにとっての究極の原理は、「神」であった。神が作ったこの世界のすべてのことを知ること、それによって神の似姿になることが、人間のあるべき人生の目的であり、神に愛されることであった。そうであるがゆえに、コメニウスは確信と使命感をもって、「すべての人にすべてを教える」教授術を開発したのである(前掲『西洋教育思想史 第一』)。

人類の知的・道徳的な発展が必然的な進歩の方向と感じられた時代には、「啓蒙」という使命が重要だった。人々を粗野で無知な伝統的な生活世界から、知の世界に引き出したり、徳を涵養したりすることが、教育の崇高な役目となった。近代国民国家の興隆期には、「国民」の形成が教育システムの重要な社会的使命となった。近代科学が広がってくると、発達に関する科学的知見に基づくことで、確実な足場が得られるとも考えられた。あるいは、社会の発展法則(「歴史法則」)という考え方が広がったときには、それに沿って教育を構想することで、確実な未来に向けた教育の方向が定まるとも考えられた。

しかし、一九八〇年代から九〇年代にかけて広がったポストモダン論は、もともと脆弱だった教育学の認識論的足場を、根底から破壊することになった。「教育の正当性や方向性を根拠づける、最終的な足場はない」ということを明るみに出したのである。あらゆる教育学的規範は、恣意的な言明だということになった。近代教育学の言明がもつ恣意性や権力性が暴かれる研究が、次々に出された。それが九〇年代だった。

教育哲学者の今井康雄は、教育学がポストモダンの洗礼を受けたことで、三つの重要な影響が生じた、という(「教育学の「ポストモダン」体験」、増渕幸男・森田尚人編『現代教育学の地平――ポストモダニズムを超えて』)。第一に、歴史的モデルの喪失である。「西欧近代の教育原理が今日の困難を克服するためのモデルとなりえない」という状況である。第二に、人間形成論の流動化である。「意識の弁証法的運動としての経験、そうした経験を通しての人間形成という……発展の構図」で描かれてきたようなモデル(今井はこれを「ヘーゲル=ピアジェ的な人間形成論のモデル」と呼ぶ)が通用しなくなっている。第三に、公共性問題が再構成を余儀なくされている。従来は、権利論や発達論を土台として、学校教育の公共的性格が理論的に支えられてきた。ところが、教育の私事化の流れによって学校教育の公共性が疑問にさらされるに至ったまさにそのとき、「ポストモダン」論が、それまで「普遍的な足場」とみなされてきていた権利論や発達論の説得力を減殺してしまうことになった。

かくして、教育の現代的使命やあるべき方向(教育の目的)をそれなりに語ってきたはずの教育学が、ここにきて、確固たる議論の足場を失った状態に陥ったのである。第三章で紹介した、教育の他者性や悲劇性についての論考は、確実な足場がなくなった中で、教育という行為をいかにして正当化すればよいのかについての、悲壮な手探りの仕事であるように、私には映る。また、教育哲学者の中には、教育とは異なる人間の変容に着目したり、教育という関係で起きていることをまったく新しい枠組みでとらえ直そうとしたりする者もいる。これもまた、手探りのような模索である。

困惑する教育諸学

教育学者が確固とした足場に立って教育の目的について語りえなくなった近年の事態は、実践的教育学の規範創出力が著しく減殺された状態である。これは、教育哲学や教育思想史学を研究する者だけの問題ではない。他の分野の教育学者にも大きな影響を及ぼしている。

教育社会学者も、教育心理学者も、教育方法学者も、どの分野のものもみな、「規範欠如」に悩むことになるからである。第二章で述べたように、教育社会学や教育心理学のような実証的な教育科学は、厳密な手続きで明らかにできている部分は、実はそれほど多くない。複雑な連関構造をなしている現実の、ごく一部分を、限定された枠組みで切り取って検証した知にすぎない。だから、現実に対して何かを提言しようとすると、実践的教育学から規範を借りてきたり、実践的教育学が作ってきた推測を補助的な仮説として使ったりすることを、どうしても避けられない。

実践的教育学の規範創出力が低下してしまうと、結局のところ、そうした教育科学は、外部から単純な価値尺度をもちこむか(たとえば「平等が重要」とか)、自前の実践理論(自分の体験に根ざしたあやしい教育論)をあてにするかしかなくなってしまう。さもなければ、現実の教育に対して何か有効なことをいうのをあきらめて、研究のための研究に閉じこもることになる。

あるいは、教育経営学や高等教育論など一部の分野でみられるように、目的や目標は、政策レベルで設定してもらって、自分たちはひたすらその目的や目標の合理的遂行に努めるという、「教育(学)のシニシズム」に陥ることになる。行政の下請け屋だ。

教育学の下位分野の中で、それぞれに困惑する事態が生じている。しかし、問題の焦点は、思想や哲学のレベルの問題である。実践的教育学を構成する三つの要素のうちの、「教育目標」に関わる部分の問題なのである。実践的教育学の規範創出力の低下が、教育諸分野の方向性のなさを生んでいるのだと、私は考えている。

(三) 教育目的の迷走

空隙

現代の教育学者が、ポストモダンの衝撃の中で「教育の目的」について語りえなくなってきた中で、現実の教育は、教育目的の次元で振りまわされる事態になっている。ここでは三つの点を論じておきたい。

第一に、現実社会の大きな変化によって、教育の目的の語り直しが教育学の外の人たちによってなされ、それが教育を大きく変化させてきた。財界人、エコノミスト、保守政治家や保守的評論家……といった人たちである。教育学者が黙り込んでいる空隙に、そういう人たちが、やすやすと入り込んできたわけである。

一つには、グローバル化の急速な進展に対応した、旧来の社会システム全般の見直しの一貫として、教育システムの中に市場原理や競争、評価をもちこもうとする動きである。そうした考え方は、「新自由主義」と呼ばれることが多い。もう一つには、冷戦の終焉などにより左翼が退潮し、政治的なバランスが変化したため、勢いづいた保守派が、ナショナリズムや道徳保守主義を学校教育の中に浸透させようとするようになった。この潮流は「新保守主義」と呼ばれることもある。

財界人やエコノミストは、教育は、何よりも労働者の生産能力を高める手段である、というふうに考える。有能な労働者を学校が作り出すような方向へと教育改革を進めようとする。経済のための教育、である。同時に、現代の学校を非効率な組織とみなし、市場原理や競争は、効率化をはかる仕掛けだと考えている。

もう一つには、保守政治家や保守的評論家の動きである。彼らは、共同体的な価値観を、学校教育の中で教えさせることに心を注ぐ。教師の「教育の自由」とか、生徒の「思想・信条の自由」とかには無関心で、愛国心とか道徳を学校でガンガン教えさせれば、秩序正しい人間が作れるはずだと素朴に考えている。

こうした考え方は、教育学の内部から出てきた理論に基づいた主張ではない。前者(新自由主義)は、経済思想や政治学、行政学などから出てきた議論に拠っている。後者は、長い歴史があるのだが、総じて、政治家や評論家の個人的な政治信条や教育観(実践理論)に基づいている。教育学の伝統の中では、教育の目的や役割は、ある種の理想主義をめざす方向で、しかも人間の複雑さや社会生活の多面性に配慮しながら、慎重に議論されてきた。しかし、今教育界の外からやってきている教育論は、教育という事象をシンプルに考え、ストレートに目的を設定し、それを実現しようとするものである。

これらの思想については、すでに別の箇所で論じたことがあるので、ここでは詳しく説明はしない。教育学者からみると、あまりにラフで単純すぎる。教育の中で尊重されるべき価値といったものはたくさんあるはずである。二〇世紀の前半のアメリカで起きたのと同様の、「数えきれない教育的決定が経済的または反教育的根拠に基づいて行われ」てしまうような事態が生じてきている。

ともかく、シロウト教育論が、十分な教育学的吟味を経ないまま、教育改革を強力に推し進めてきた。社会の変動の中で教育目的論の練り直しが必要になってきたにもかかわらず、現代の教育学者は、実践的教育学の規範の部分に真正面から取り組むのを避けてきた。その空隙は、教育の実情をよく知らない外部者たちによって埋められてしまったわけである。それが近年の状況である。そして、その結果生じているのが、経済や政治への教育の従属、という事態である。また、教育学の一部は、改革を効率的に遂行するための下請け教育学になってしまっている。

消費者

ポストモダン論が教育思想を揺さぶったときは、ちょうどタイミングが悪かった。学校教育の崇高な使命とか公共的意義のような部分が、ポストモダン論で「根拠なし」と叩かれていたちょうどその頃から台頭してきたのが、消費者資本主義的な学校利用観である。つまり、「サービスの消費者としての親・子ども」という存在の登場である。教育が、購入可能なサービスとして位置づけられ、教育の質は「サービスの質」と読みかえられるようになった。

そこでは、もはや「あるべき教育」を定義する権能は、教育学者も教師ももっていない。その権能をもつのはサービスの受け手である親や子どもだ、というわけである。消費者のニーズに応えることが教育(学校)の使命だ、とされる。実践的教育学の構成要素のなかの「規範」の部分は、もはや親と子の手に委ねられることになる。あるいは、ショッピングモールのように、学校や教師が思い思いに飾りつけた店を出して、お客さんが立ち寄ってくれるのを待つ、というふうな感じである。親や子どもは、自分(たち)が望むような教育をしてくれるよう、学校や教師に求める。また、導入された学校選択制を利用して、自分(たち)が望むような教育をしていそうな学校を選んだりもする。さらには、授業評価とか学校評価、教員評価などで、親や子どもが評価する主体になる、といった改革もなされるようになってきた。

そこでは、思弁的な「教育の目的」も、教育基本法などに盛り込まれた「教育の目的」も、もはやさしたる意味をもたない。親や子どものニーズや選好がすべてである。教師はただ、求められるものを察知し、それを提供する役割になる。教育についてそれなりの理解のある親や子はよいが、そうでない場合には、教師は理不尽な要求に振りまわされ、苦悩することになる。「モンスター・ペアレント」はそういう事例である。教育目的は、この局面においては、消費者たる親と子の私的要求に、従属させられることになるわけである。だが、その私的要求とはいったいどんな内実をもつのか。シロウト教育論が教育の場を席巻する事態である。

空虚

「教育の目的」として掲げられた公共的使命が重要性を失っていくと、教育を受ける子どもたちにとって、学校に行く意義が以前にもましてわからなくなる。「学校はキミが望むものを提供しますよ」といわれたら、子どもは何を望むだろうか。「科学者になって世界の環境問題を何とかしたいから、そのために数学を教えてほしい」とか、「貧しい国の子どもの役に立ちたいから英語を教えてほしい」といった子どもは、ひょっとしたら少しはいるかもしれないが、きわめてまれだろう。

多くの親や子どもは、「しっかり学力をつけて、ちゃんと進学させてくれ」というだろう。だが、何のために？　おそらく、ちゃんとした職業に就く、といったことだろう。それで真面目に教育を受けてくれるのなら、それでよい、ということになるのかもしれない。ただ、そこでは、教育の効用は、財界人やエコノミストと同様に、生産能力の高い労働者になる、ということにすぎない。勉強の意義も、単に上級段階の学校に合格する、ということにとどまる。

よりよい社会的地位の獲得のための勉強というのは、明治以来ずっと続いてきた。だから、そういう動機での勉強は、目新しいものではない。今の事態が新しいのは、そのような私的利益追求を超えるような、強力な「教育の目的」を掲げることが難しくなっていることだ。かつては、「受験準備教育が、本来の教育をゆがめている」という声が強かった。教育の目的・目標として、被教育者にとって実利の明確なもののみが、受け入れられるような状況になっている。今や、本人が望むもの、しかも本人のためになることが明白なもの以外のものを、教育の中に割り込ませることが難しくなっているのである。

もっと困難なのは、今述べたような受験の道具としての勉強にすら、意義を見出せない子どもたちである。「あなたの発達を援助するためだ」といわれたって、無意味に映る勉強の意義は納得できそうにない。目的がはっきりわからない場に長期間しばりつけられ、意味の空虚さに耐えることだけである。

今のカリキュラムを学ぶことは、子どもたちにとって十分意義があることだと私は思っている。第一章で述べたように、二〇世紀の一〇〇年を経て、現代は文字文化が社会の根幹を形作っている。学校のカリキュラムは、それを通して世界を認識していくための「窓」のような位置にあると私は思っている。世界史にせよ数学にせよ、それを学ぶことで初めてみえてくる世界がある(高校数学の意義については、広田照幸・川西琢也編『こんなに役立つ数学入門――高校数学で解く社会問題』で論じた)。インターネットの普及で情報環境は急変しつつあるとはいえ、身のまわりをこえた広い世界をリアルなものとして認識し、思索に結びつけていくためには、文字を通した学習は依然として重要であるにちがいない。

しかしながら、当の子ども自身には、今学んでいるものがどういう意義をもつのかは、なかなか理解できない。日常生活のほうがリアルで、学校で教わる知識はバーチャルなものとして映ってしまいがちだからである。本人が学校や教師に対して何も望まないとすると、そこでの教育は単なる押しつけとして感受されてしまう。「教育の目的」を見失った学校は、子どもたちに対して何ができるのか、という問題に直面することになる。

(四) 教育目的再構築論の危うさと可能性

教育目的再構築論の危うさ

だが、教育学が外在的な観点から「教育の目的」について取り組んでいくことは容易ではない。歴史的にみれば、これまで多くの苦い失敗もしてきている。

第二章で、ブレツィンカが、実践的教育学においては、「その時々において、教育目標に関して何を教えるべきかは、著者の世界観に依存し、あるいはまた、決定された教育目標の対象たる社会的グループの価値志向による」と述べていたのを紹介しておいた。「教育の目的」についての議論は、複数の世界観の対立、思想的・政治的対立をはらむことになる。「教育の目的」についての議論は、普遍的な基礎をおいたはずの議論でも、常にその時代の全体状況と緊密な関わりをもっている。特定の人間観や社会観に関する前提をもってしまわざるをえないため、どう論じようとしても、イデオロギー性を抜けきれない。その時代の風潮や認識枠組み、時代ごとの社会的課題などに左右された議論になってしまうのである。

ただし、もっとも危惧すべき事態は、諸イデオロギーが対立した状況ではない。そうではなくて、何かのイデオロギーが圧倒的な支配力をもって、偏狭な政治的意図に基づいた「教育の目的」が公的に据えられ、現場がそれに縛られてしまうような事態である。

ルターやコメニウスが社会の改造をめざして教育論を提示した時代には、まだ、学校に行く子どもはごくわずかだった。だから、そこで提示されたものが仮に過激な宗教的洗脳プログラムに基づく社会改造のヴィジョンであったとしても、実害はすくなかった。

しかし、二〇世紀には、すべての国民を教育制度の中に包摂する社会を、国家が作り上げた。しかも、十数年間にわたって、知的・道徳的な多方面の教育を行おうとする学校制度ができあがった。だからこそ、偏狭な政治的意図——特に個人の内面の自由を奪うような——が公的な「教育の目的」に据えられてしまうことが、もっとも警戒されねばならない。

そのような事態が起きたときに何が生じるのかを、われわれは、全体主義の国家のケースとして経験してきた。ファシズムや軍国主義、社会主義国家のケースである。特に、第二次大戦は、政治に従属した教育学の醜さをさらけ出すことになった。教育学は、どんなドグマ(臆見)でも、無反省なまま正当化してしまいうる。実際の教育は、それを強力に国民全体に押しつけてしまいかねない。そのことを、われわれは、身をもって味わうことになった。

社会の多元的な価値観が封殺され、全国の学校で一元的な価値観が教えられる。個人の内面の自由は奪われ、特定の「よき生き方」が強制される——学校制度が肥大化した現代だからこそ、そのような事態が何よりも避けられねばならない。

前に述べたように、ポストモダン的な価値相対化の地点から、「教育の目的」をたなあげにしてしまうのは、「教育学のシニシズム」を生んでしまう。もう一方で、ここで触れたように、誰をも屈服させるような強力な「教育の目的」を、ある社会がもってしまうことも危ない。二つの極の間で、「教育の目的」をどう論じることができるのか。これからの教育学に求められているのは、これである。社会が多元的であるにもかかわらず、教育はある体系性や統一性をもって組織される必要がある――この難題に教育学者がどう取り組むのか、ということである。

デューイの教育目的論

本書の最後に、二人の教育思想家の教育目的論に触れておきたい。

一人目は、二〇世紀初頭の知の巨人、デューイである。デューイは、児童中心主義の権化で、教育の目的を子どもの内部（発達）に見出したように思われているかもしれないが、実はちがう。デューイは、『民主主義と教育』の中（第八・九章）で、目的と手段とを対比させる二元論を否定しながら、教育の目的を次のように論じている。

そもそも民主的な社会においては、「教育の過程の外にあって教育を支配する目的」は許されない。それは、社会が民主的なものでなくなった状態である。だから、当の活動（教育の過程）の中にふくまれるものとして目的をみることになる。これが私流に理解した、デューイの議論の一つ目のポイントである。

では、そういう視点で目的をみたときにどうなるか。目的は手段になり、手段は目的になる。これが二つ目のポイントである。「活動の内部でそれを方向づける計画として発生する目的はつねに目的であるとともに手段でもあるのであ」り、「あらゆる手段は、それを手に入れてしまうまでは、当座の目的である。あらゆる目的は、それが達成されるやいなや、活動をさらに続けていくための手段になる」。

また、三つ目のポイントとして、「教育はそれ自体としてはいかなる目的ももっていない」。目的をもつのは人間(親や教師など)だけである。そして、その目的は、子どもによっても、子どもの成長の度合いによっても、教育者の経験によっても、異なってくる。子どもの様子に応じて、常に教育者によって見定められ、選択されるものである。

デューイのここまでの議論は、先ほど述べた「教育のシニシズム」を思い出させる。教育方法・過程をそのまま自己目的化してしまうような。

だがしかし、デューイの議論はそこで終わっているのではない。

デューイは、「非常に多くの目的が、異なったいろいろな時代に、述べられてきたし、それらはみな大きな局所的価値をもっていた」と述べる。過去の教育目的論を整理して、それを教育者が参照すべき枠組みとして提示しているのである。それが四つめのポイントである。具体的には、近代に影響力のあった、三つの一般的目的が取りあげられている。第一に「自然に従う発達」である。ルソーの議論を高く評価している。第二に「社会的に有為な能力」である。産業上の有能さと、市民としての有為な能力があげられている。第三に「目的としての教養」である。それは、「人格的、精神的に豊かにすること」であり、「絶え間なく、意味の認識の範囲を拡大し正確さを増していく能力」であると説明されている。第二や第三のものは、子どもに内在するものではない。現実の社会が、外から教育目的を準備する側面に、デューイはしっかり注意を払っていた。

そして、第五のポイントとして、重要なことはこれら三つのバランスだ、とデューイは考えていた。こうした教育目的のどれかがある時代に主張されたということは、その時代の教育に欠けていたものが指摘されていたのだ、とデューイは考えた。「ある一定の時代または世代は、そこに現実にもっとも欠けているものをこそ、意識的な計画として強調する傾向がある……権力によって支配されている時代は、それへの反応として、大きな個人的自由を求める声を呼び起こすであろうし、個々人が無秩序に活動している時代は、教育目的として、社会統制の必要を呼び起こすであろう」というのである。だから、何かが教育目的として強調された時代には、その目的とは別の教育目的が偏って追求されすぎていたことになるということである。

だから、デューイは、子どもの内的発達だけを賛美した児童中心主義者ではなかった。子どもの発達に配慮しつつ、労働力の育成や市民教育、教養形成など、バランスをとりながら、教育者(教師・親)が、子どもの状態をみきわめつつ具体的目標をそのつど設定して教育しろ、と述べていたわけである。

デューイの議論は、私にはとても興味深い。教育のシニシズムも教育目的の国家統制も、ともに避けることができるかもしれない。とはいえ、この考え方が可能であるためには、個々の教育者が優れた見識をもっていなければならない。子どもの発達についても、労働力市場の状態についても、市民のあり方についても、教養についても、深い理解が必要である。「子どもの心がわかる」とか、「教授技術を十分習得した」というだけの教師には、こんな教育は不可能である。知識人・教養人としての教師が求められることになる。

社会を作り出す個人を作る教育

一九世紀前半のドイツの哲学者で、ヘルバルトとならんで高名なシュライエルマッハーは、教育の目的について、次のように論じている(『教育学講義』)。

教育は、国家や教会や、普段のつき合いの諸生活領域を準備し、個人の認識の作用を高めるためにおこなわれる。しかし、この四領域の間には不調和が存在している。国家にとって正しいことが教会にとって正しくない、というふうに。こうした矛盾があるということは、「これらの社会の状態が不完全であ」り、人倫的関係が不一致な状態である。だから、普遍妥当な倫理学で教育を方向づけることはできない。

ではどうするか。教育は、一方で、「成長期の青少年を国家の現状に対して有能かつ適任であるように育成すべき」である。しかし同時に、もう一方で、「すべての世代が教育の完了した後には共同生活のあらゆる点で不完全性を改善しようという衝動と才能を有するにいたる」ことを教育の目的とすべきである。——社会の諸価値が対立する状態であるから、一方では現在の社会への適応をはかりつつ、他方で、価値の対立をこえた調和した未来の社会を自ら作り上げていけるような人間を育てるのが、教育の目的だ、というのである。

この議論も魅力的である。現在の社会は不完全だから、そこに適応するだけの教育ではダメである。不確定な未来社会を、子どもたちがいずれ主体になって自ら作りかえていく。だからそういう社会を自ら作りかえられるような人間に向けて教育する。確か、デューイもキルパトリックも勝田守一も、似たような議論をしていたような気がする。

グローバリゼーションが進む中、未来の社会は不透明である。国民国家で仕切られてきた世界をこれからどう変化させていくのか、先進国と開発途上国との大きな格差はこれからどうやっていくのか、資源や環境の有限性の問題にこれからどう対処していくのか――現代が人類史的にみて大きな課題に直面している時代だとすると、我々の世代は当然そうした問題に最優先で取り組まねばならないのだが、同時に、これから大人になっていく世代の子どもたちに、この世界が抱える問題を「改善しようという衝動と才能」をもってもらいたい。私のこうした思いも、多様なイデオロギーの一つにすぎないのだが、絶対的な認識の足場がなくなった中での、比較的よりましな希望の一つではないだろうか。

五、教育学を考えるために——何を読むべきか

本を探す

インターネットが普及して、近年は、本を入手するのがとても楽になった。新刊書でいうと、都心の大規模書店に出向いたり近所の書店に注文したりするという、旧来のやり方のほかに、インターネットでさがして注文するというやり方もできるようになった。私が利用しているのは、amazon. com とか bk1 だが、紀伊國屋書店とかジュンク堂などのような大きな書店による販売サイトもある。

もっと便利になったのが、すでに絶版や品切れになった本の入手である。「日本の古本屋」や「スーパー源氏」など、古書店連合のデータベースはとてもありがたい。amazon. com でも古書が買える。

本をじっくり読むためには、線を引いたり、書き込みをしたり、付箋を貼ったりして、読みながら考えたことや感じたことを形に残しておくことが、とても重要である。自分の思索の痕跡が残っていれば、あたらめて何か別のことと結びつきそうになったとき、すぐに本を取り出して確認して

みることができるからである。

もちろん、予算やスペースに限度があるから、読みたい本をすべて買うことはできない。大学の図書館や公立図書館を使いこなすことも大事である。自分の関心がどんどん広がっていくようなときには、図書館で本を借りまくって、かたっぱしから目を通すようにしている。熟読するのではない。目次やまえがきや途中の図表をながめ、自分の関心にどれぐらい応えてくれるものかを確かめる。その際のポイントは、何を明らかにしたり、主張している本なのか、それがどれぐらいしっかりした論理や裏づけでなされているか、といった点である。そして、「これは!」と思う本に出会ったら、自分で発注して入手し、線を引きながら読む。そうでない本は、大まかな内容をいちおう頭にとどめておいて、後になって必要が出てきたときに、あらためて借りるか買うかして、熟読すればよい。

好循環

この章は、教育学を考えるための読書ガイドである。読者に「この本を読め」と薦めることになる。だが、それは簡単ではない。というのも、読者の側に予備知識や興味・関心がないと、本は面白く読んでもらうことはできないからである(あ、第三章で述べた、ペスタロッチとヘルバルトの論点だ)。

本を読み進めるうえで決定的に重要なのは、読む側が問題意識や関心を持っているかどうかである。問題意識や関心がない本は、読もうとしても頭に入らない。せっかくの読書も、ただの苦痛な時間になってしまう。

逆に、今の自分の問題意識や関心に応えてくれるような本は、するすると頭に入るし、読みながらさまざまなことを考えさせてくれる。日本中でごくわずかの専門家しか読まないような、重箱の隅をつつくような主題を扱った専門論文でも、問題意識がフィットしさえすれば、興奮しながら読むことができる。「おー、まさにこれを、誰かが明らかにしてくれれば、と思ってたんだよねー」と、至福の時間を過ごすことができるのである。

また、本を面白く読むためには、ある程度の予備知識が必要なことも多い。教育学にかぎらず、学術的な専門書は、論じられる主題に関して、ある程度の知識をすでにもっている人を読者として想定して書かれている。それが普通である。だから、論じられている対象についての知識が貧弱な場合には、一冊の本を読み通すのは難事である。著者の議論の重要なところではなく、もっとそれ以前のところでつまずいてしまい、何が何やらわからなくなってしまう。苦労して読み通してみても、大事なところが理解できていなかったりもする。

逆に、ある程度の予備知識がストックされていくと、その主題についての本を速く深く読むことができるようになる。何が著者の新しい主張なのか、何が新しいデータや実証部分なのかが、斜め読みするだけでもわかってしまうからである。

初学者の方は、ある個別の主題(たとえば「いじめ」)について勉強しようと思ったら、七、八冊ぐらいを目標にして、さまざまな著者が書いた本を読んでみることをお勧めする。その間に、基本的な知識が身についていくだけでなく、それぞれの本の間で共通する論点や見方と、対立したりズレていたりする論点や見方とがわかってきて、何が問題の焦点なのかが理解できる。そうなると、それぞれの本の著者が展開している主張の新しさや限界などについて、はっきりとわかるようになる。

あるいは、難易度の低いものから高いものへと読み進める読み方も有益である。今まで自分が知らなかったある主題に関して、簡単な本から読み始めてみる。ある程度わかってくると、その主題についての問題のポイントが理解できるようになってくる。そうなればしめたもので、何がすでにわかっていて、これから何を知りたいのかが、自分の中で明瞭になっていく。「この主題の中のこの部分について、きちんと書かれた本を探してみよう」と考える。そういう本を探し出してきたら、かなり専門的で難解な本でも、興味を抱きながら読むことができる。自分が知りたいことがはっきり自覚されているからである。

だから、本はたくさん読まないといけない。たくさん読めば読むほど、関心は広がり、予備知識は増えていく。本を面白く速く読むコツは、たくさん読むことである。つまり、好循環が形成されるわけである。大学の四年間に、学生たちにはこういう好循環を作ってほしいと願っている。そうすれば、一生、レベルの高い読書を続けていくことができる。

残念ながら、私が教えている学生の多くは、そのレベルまでたどり着かない。それどころか、教育学を三年間勉強してきたはずの四年生の中には、「いや、私は教育学の本は読んだことありません。大学に入ってからの自主的な読書は、ほとんど小説だけです」などと言い放つ者もいる。そういう学生が卒業論文のために教育学の文献を読もうとしても、なかなか簡単には読めるわけがない。私が一日で読了した本を紹介して、「この本あたりから読み始めてみたら」と勧めてみたら、三週間たってもまだ読めていなかったりする。そういう場合には、卒論をまとめる九ヶ月ほどの作業の間にしっかり本を読んでもらって、問題意識を持った読書を経験してもらうことにしている。知りたいこと、考えたいことを明瞭にし、それについて書かれている本を探しだし、それを読んでみる。そこから次に読むべき本が決まってくる。「人生で初めて、これだけたくさんの本を読みました」と、卒業論文の口頭試問で満足そうに学生が言ってくれるのが、私の楽しみである。

それはともかく、本を読むには、問題意識や関心が必要である。予備知識も必要である。だから、誰かに本を勧める際には、相手の問題意識や関心、予備知識の状況を見きわめることが必要になる。それゆえ、この章のように、広い読者層を相手にしたブックガイドを書くというのは、冒険か、あるいは無謀な試みである。私が紹介する本が、読者の問題意識や関心にフィットするのかどうか、読者の予備知識の程度に沿ったものかどうか、正直にいって、心もとない。

教育学を学び始めるために

教育学を学ぼうとする人は、まずは、教育評論や、ルポルタージュやドキュメントなどから入るのがよいと思う。いろいろな人の自伝や評伝を読んでみるのもよいだろう。

第二章で述べたように、自分が学校の生徒として体験したものから出てくるのは、ごく狭い実践理論にすぎない。だから、もっと広い視野で教育を見つめられるようになるための読書から始めてほしい。人間理解が浅い者、社会の理解が浅い者は、平板な教育論しかもてない。自分の狭い体験から教育を考えるのではなく、もっと視野を広げて、社会や人間についてしっかりした目を持つことが、教育を学問として学ぶスタートになる。

ルポやドキュメントは、「教育をどう考えるべきか」について問題提起してくれる。自伝や評伝は「人が生きるとは」といったことを、あらためて考えさせてくれる。

ただし、教育を評論した本は玉石混淆でクズも多い。著者が自分なりの偏った実践理論をただ主張するだけのものもある。どんなにレトリックや事例が面白くても、そんな本は有害である。ルポルタージュにも、著者の偏見が反映したひどいものがある。クズ本にだまされると、かえって思考停止に陥る危険があるから、注意しないといけない。また、同じ著者でも二冊目、三冊目になるとダメになる例もある。

そうした中で、すぐれた評論やルポは、教育についての自分の見方を考え直すきっかけを与えてくれる。次のような本はお薦めである。

教育を評論した本のうち、私には特に小浜逸郎氏のものが印象深い。『学校の現象学のために』(大和書房、一九八六年)は、私が大学院生だったときに読んで、「ああ、こういうとらえ方があるのか」と、大きな衝撃を受けた。今でも読むに値する。同じく『症状としての学校言説』(JICC出版局、一九九一年)や、『先生の現象学』(世織書房、一九九五年)あたりも、通念を揺さぶる面白さがある。清水義範『今どきの教育を考えるヒント』(講談社文庫)は、楽しく読みながら考えさせられる。岡本薫『日本を滅ぼす教育論議』(講談社現代新書、二〇〇六年)は、教育を議論する枠組みを問い直すもので、大筋はまっとうな主張がなされている。内田樹『下流志向――学ばない子どもたち、働かない若者たち』(講談社、二〇〇七年)もなかなか面白い。これらの本は、教育に対するまなざしや教育の論じ方について、読者に反省を迫る部分がある。多様なものの見方があることを意識しながら、教育について複眼的に考えられるようになるとよい。

こうした教育の語り方の問題に注目した、研究者による著作もある。一般向けで読みやすいのは、たとえば、今津孝次郎・樋田大二郎編『教育言説をどう読むか――教育を語ることばのしくみとはたらき』(新曜社、一九九七年)とか、小谷敏編『子ども論を読む』(世界思想社、二〇〇三年)、拙著『教育には何ができないか――教育神話の解体と再生の試み』(春秋社、二〇〇三年)などである。

ルポやドキュメントでは、現代の教育を扱ったものとして、小松夏樹『ドキュメント ゆとり教育崩壊』(中公新書ラクレ、二〇〇二年)や、斎藤貴男『機会不平等』(文春文庫)、根本浩『ゆとり教育は本当に死んだのか?――公立校再生への道』(角川SSC新書、二〇〇七年)をあげておきたい。新聞社系の教育ルポもたくさん本になっているが、あらかじめ、ある一面的な教育像・学校像を描き出すことを狙っている面が目につく。「これが今の教育だ」と信じ込むのではなく、「今の教育の一面が描かれている」という節度ある読み方が必要だ。

自伝や評伝、聞き書きなどは、「この人にとって教育は何だったのか」という点に関心を置きながら読んでみると、とても面白い。たとえば、若者のさまざまな生き方を集めた本を読むと、同世代の若者の多様な生き方への想像力が養われる。ちょっと古いもので、**立花隆『青春漂流』**(講談社文庫)が、近年のものでは、**稲泉連『僕らが働く理由、働かない理由、働けない理由』**(文春文庫)が印象深い。ほかに、ヤクザの自伝とか、AV女優の聞き書きとか、名もない庶民の自費出版の自伝とかを、読んでみたりすると、いろんなことを考えるきっかけになる。つい先日も、暴走族リーダーたちのその後をたどった**中村淳彦・吉野量哉『暴走族、わが凶状半生――実話マッドマックスプレゼンツ』**(コアマガジン、二〇〇八年)という本を読んだが、実に刺激的だった。

ルポや自伝で「戦後教育とは何だったのか」といったことを考えてみることもできる。**佐野眞一『遠い「山びこ」――無着成恭と教え子たちの四十年』**(新潮文庫)や**原武史『滝山コミューン一九七四』**(講談社、二〇〇七年)は、戦後日本の教育を考えるために、ぜひ読んでほしい。**四方田犬彦『ハイスクール1968』**(新潮文庫)も面白い。

教師が書いた学校論も玉石混淆だが、よい本は刺激的だ。**赤田圭亮『不適格教員宣言』**(日本評論社、二〇〇三年)や、**赤田圭亮・岡崎勝編『日本の教育はどうなるか――教育改革の失策を問う』**(日本評論社、二〇〇九年)などは、とても面白い。私とは少し認識が異なる点があるけれども、プロ教師の会の議論も読むに値する。たとえば、**プロ教師の会編著『なぜ授業は壊れ、学力は低下するのか』**(洋泉社、二〇〇一年)や、**諏訪哲二『教育改革幻想をはねかえす』**(洋泉社、二〇〇二年)など。また、現職教師を中心にした執筆陣の、柿沼昌芳・永野恒雄編のシリーズ「戦後教育の検証」(全五巻、別巻五、批評社、一九九六―二〇〇三年)は充実した内容で、教育学者としていろいろなことを学ばせてもらった。特に第三巻『学校という〈病い〉』、第五巻『教師という〈幻想〉』は、読みごたえがある。

教育学を学び始める人がまず手に取る本としては、教育学者が平易に一般向けに書いたものもある。オーソドックスなものでは、大田堯『教育とは何か』(岩波新書、一九九〇年)、堀尾輝久『教育入門』(岩波新書、一九八九年)、佐藤学『「学び」から逃走する子どもたち』(岩波書店、二〇〇〇年)、『学びその死と再生』(太郎次郎社、一九九五年)や、苅谷剛彦『学校って何だろう――教育の社会学入門』(ちくま文庫)あたりだろう。ただし、一九九〇年代以降の教育の現実に照らして、議論が古くなっている部分も見受けられる。

読者に薦めたいのは、田中智志・今井康雄編『キーワード 現代の教育学』(東京大学出版会、二〇〇九年)と、久冨善之・長谷川裕編『教育社会学』(学文社、二〇〇八年)である。前者は教育哲学・教育人間学の人たちが、後者は教育社会学の人たちが書いたものだが、ともに現代の教育が直面している課題をきちんと考察して、示唆に富むものとなっている。また、市川昭午『未来形の教育――二一世紀の教育を考える』(教育開発研究所、二〇〇〇年)は、教育の主要な課題の未来を展望していて、一読する価値がある。

初学者にはやや大変だが、堀尾輝久『人権としての教育』(岩波書店、一九九一年)、『日本の教育』(東京大学出版会、一九九四年)、佐藤学『学びの快楽――ダイアローグへ』(世織書房、一九九九年)あたりをじっくりと読んだら、近年までの日本の教育学で何がどのように議論の焦点になってきたのかを理解することができる。

また、どんなテーマに関心を持つにせよ、現代の教育について考えようと思ったら、教育史の基礎知識ぐらいはもっておいたほうがよい。日本については、**山住正己『日本教育小史——近・現代』**(岩波新書、一九八七年)、**尾崎ムゲン『日本の教育改革——産業化社会を育てた一三〇年』**(中公新書、一九九九年)などが入手しやすいが、現代まで射程に収めたものとしたら、**佐藤広美編『二一世紀の教育をひらく——日本近現代教育史を学ぶ』**(緑蔭書房、二〇〇三年)が好著。ほかに**海後宗臣『日本教育小史』**(講談社学術文庫)や、**勝田守一・中内敏夫『日本の学校』**(岩波新書、一九六四年)も読んでためになる。**苅谷剛彦『大衆教育社会のゆくえ——学歴主義と平等神話の戦後史』**(中公新書、一九九五年)や、**拙著『日本人のしつけは衰退したか——「教育する家族」のゆくえ』**(講談社現代新書、一九九九年)は、教育の変容を社会学的に分析した本で読みやすい。西洋については、**柳治男『〈学級〉の歴史学——自明視された空間を疑う』**(講談社選書メチエ、二〇〇五年)が刺激的。**桜井哲夫『「近代」の意味——制度としての学校・工場』**(NHKブックス、一九八四年)も、近代公教育の意味を掘り下げていて、示唆に富む。

教育学を深めるために

教育学を深めていくための読書には、いくつかのやり方があるだろう。

自分なりに関心を持った個別トピックを自分なりに深めるためには、まずは図書館で、新しめの講座本やシリーズ本、リーディングスなどをながめて、その中から興味の持てそうな論文を探して読むところから始めてみるのがよいだろう。全巻読破なんてことはできないし、時間のムダだ。体系的に読み進めるための手がかりぐらいに考えておいた方がよい。講座ものだと、**堀尾輝久・奥平康照ほか編『講座 学校』**(柏書房、一九九五—九六年、全七巻)、**佐伯胖・黒崎勲ほか編『岩波講座 現代の教育——危機と改革』**(岩波書店、一九九八年、全一三巻)がある。**『シリーズ 子どもと教育の社会学』**(教育出版、一九九九年、全五冊)や**『リーディングス 日本の教育と社会』**(日本図書センター、二〇〇六—〇九年、全二〇巻)は、主として社会的な視点から教育を研究した論文が収録されている。**『教育学年報』**(世織書房、一九九二—二〇〇四年、全一〇巻)は、学部の学生にはちょっと難しいかもしれないが、現代日本の教育学にとって重要な論文がたくさん収録されている。

教育学の中のどんな分野を学ぼうとするにせよ、教育哲学や教育史をある程度勉強しておくと、視野狭窄に陥らないですむ。**宮澤康人編『教育文化論——発達の環境と教育関係』**(放送大学教育振興会、二〇〇二年)、**小笠原道雄編『教育の哲学』**(同前、二〇〇三年)や、**原聡介編『教育の本質と可能性』**(八千代出版、一九九六年)は、教科書だけれど、奥ゆきのある議論をしている。特に原編のものは示唆的である。**田中智志編『〈教育〉の解読』**(世織書房、一九九九年)、**増渕幸男・森田尚人編『現代教育学の地平——ポストモダニズムを超えて』**(南窓社、二〇〇一年)や、**森田尚人・森田伸子ほか編『教育と政治——戦後教育史を読みなおす』**(勁草書房、二〇〇三年)も興味深い論集である。単独の著者の本としては、**森田伸子『子どもの時代――『エミール』のパラドックス』**（新曜社、一九八六年）と、**鈴木晶子『イマヌエル・カントの葬列――教育的眼差しの彼方へ』**（春秋社、二〇〇六年）が、教育のパラドクシカルな性格を深く考えさせてくれる。ほかに、**小玉重夫『シティズンシップの教育思想』**（白澤社、二〇〇三年）や、**今井康雄『メディアの教育学――「教育」の再定義のために』**（東京大学出版会、二〇〇四年）、**宮寺晃夫『教育の分配論――公正な能力開発とは何か』**（勁草書房、二〇〇六年）を薦めておく。

教育史を描いたものとしては、**ラヴィッチ『学校改革抗争の一〇〇年――二〇世紀アメリカ教育史』**（末藤美津子ほか訳、東信堂、二〇〇八年）が面白い。二〇世紀アメリカの教育の迷走を描いたものだが、教育学のおぞましさも明瞭に浮かび上がらせてくれる。現代の教育学のあり方に関心を持つ多くの人に読んでもらいたい。二〇世紀のドイツを扱ったフ**リットナー『教育改革 二〇世紀の衝撃――イェーナ大学連続講義』**（森田孝監訳、玉川大学出版部、一九九四年）も、広く教育諸分野の人に読んでほしい。**アリエス『〈子供〉の誕生――アンシァン・レジーム期の子供と家族生活』**（杉山光信・杉山恵美子訳、みすず書房、一九八〇年）や、**デュルケーム『フランス教育思想史』**（小関藤一郎訳、行路社、一九八一年）は古典である。じっくり読んでみると、いろいろな発見ができる。平板な「教育」観を揺るがされたという意味で、私にとって思い出深いのが、**森重雄『モダンのアンスタンス――教育のアルケオロジー』**（ハーベスト社、一九九三年）である。

教育学の中の特定の分野に関して、本を読み進めることも大事である。自分が関心を持った分野の教科書を読むというだけにとどまらず、教科書で紹介されている本のいくつかを独力で読み、さらに、興味を持ったトピックについての専門書や論文をさがして読む、というところまでいけば、かなりエキサイティングな読書ができる可能性が出てくる。昔は探し出すのが難しかった専門論文も、現代は国立国会図書館の雑誌記事索引のほか、CiNii や Google Scholar のようなデータベースも利用できるようになって、キイワードや人名で簡単に探し出せるようになっている。だから、その気になれば、最先端の学術論文を探し出すことができる。

たとえば、教育社会学の教科書で格差社会と学歴の問題に興味を持ったとする。すると、とりあえず、その問題を扱った易しいレベルのものを読んでみる。**苅谷剛彦・山口二郎『格差社会と教育改革』**(岩波ブックレット、二〇〇八年)、**吉川徹『学歴分断社会』**(ちくま新書、二〇〇九年)など、たくさんある。それらを読んでみて、「この著者の議論が面白い」と思ったら、その著者のもっときちんとした議論を読んでみればよい。**苅谷剛彦『階層化日本と教育危機——不平等再生産から意欲格差社会へ』**(有信堂高文社、二〇〇一年)、**吉川徹『学歴と格差・不平等——成熟する日本型学歴社会』**(東京大学出版会、二〇〇六年)など。あるいは、「この本で紹介されているあの本が面白そう」と思ったら、その本をさがして読んでみてほしい。たとえば、吉川の新書で紹介されていた、**本田由紀『「家庭教育」の隘路——子育てに強迫される母親たち』**(勁草書房、二〇〇八年)や**山田昌弘『希望格差社会——「負け組」の絶望感が日本を引き裂く』**(ちくま文庫)を読んでみよう、というふうに。

やや難しめの本でもチャレンジしてほしい。学生の人たちは、「この本を誰かいっしょに読もう！」とまわりの友人に呼びかけて、読書会とか勉強会とかをすれば、やや難しめの本でもなんとか読み進められる。平易な教科書をみんなといっしょに読んでも面白くないが、知的興奮をえられるような本を何人かで読むと、理解が進むだけでなく、楽しい絆もえられて一石二鳥だ。私は学部生時代、**マルクス『資本論』**の読書会に一年ほど参加した。読んで議論した内容はすっかり忘れたが、精読の仕方を学んだだけでなく、友だちもできた。

しかしながら、もう一つ重要な読書のジャンルがある。それは、教育学以外の分野の本である。過去の教育についてであれ、現代の教育についてであれ、未来の教育についてであれ、教育について深く考えようと思ったら、教育学の本だけ読んでいたのでは不十分である。社会や人間について書かれたものを広く読むことにも努めてほしい。

たとえば、現代の子どもの特徴について問題関心を持つとしよう。すると、子どもを取りまくさまざまなものについて知る必要がでてくる。現代の家族の構造や関係について、家族社会学や家族史などの本を読むことになる。さらに、ネット社会論とか消費社会論とか、都市論とかナショナリズム論とか、格差論、戦後社会論など、子どもがおかれた環境についての、さまざまな議論や説明を学ぶなかで、ようやく「ああ、だから今の子どもは……」と腑に落ちる部分がでてくる。

私の研究の話をしよう。二〇〇〇年代の教育改革について、「なぜ、このような乱暴な教育改革が進められているのか」を考えようと思った。きちんと考えようとしたら、政治や行政関係の本をさがして読むことになった。教育改革が、行財政改革の一貫として進められてきているからである。

学術書も読んだし、政治の裏側を描いたドキュメントなども読んだ。経済関係の本も読むことになった。一九八〇年代以降に進んできた経済のグローバル化の影響を、教育改革推進論がこうむっているからである。為替相場が変動してきた事情を考察した本も読んだ。政治理論や社会理論の本も読むことになった。改革をめぐる議論の対立は、政治や社会の原理をめぐる対立を反映しているからである。……、といったふうである。教育に関するある主題を掘り下げようとしたら、いろんなジャンルにまたがった勉強が必要になる。

問題関心さえ明確に持っておけば、教育学以外の分野の本でも楽しく読むことができる。「教育学しか知らないバカ」にならないように、広い読書を心がけてほしい。

最後に

最後に、教育学をある程度学んだ後の人に向けて、ひと言書いておきたい。

教職大学院が創設されたり、教員免許の更新制が導入されたりして、現役の教師の方も勉強し直す機会が増えている。だが、本当に面白く、奥が深い教育学の知見にふれようと思ったら、大学院の授業の指定テキストとか、更新講習での講義などでは不十分である。人が教えてくれるものを学ぶだけでは、知は概括的で表層的なものにとどまる。

この点は、教育学を専攻する学部生も同じだ。三年生、四年生までに、すでにたくさんの講義や演習で教育学に関する勉強をしてきたとしても、授業で教わったものが「教育学」なのではない。

講義や演習だけで身についた知識は、断片的で限界がある。その知識を活用しながら、自分自身で教育学の本を読むことによって、初めて教育学を深めることができるのだ、ということである。

本当に奥が深い知や情報は、大学図書館の書庫や巨大な書店の片隅に眠っている。誰かに決めてもらったテキストや、誰かの講義から学ぶのではなく、自分で読むべき本を探して、本と自分とで対話をしていくことが必要である。しっかり読み進めていけば、漠然とした問題意識や疑問に答えてくれるはずの本(や論文)がきっとある。「これは！」というものに行きあたったとき、目の前の視界がさっとひらける気がするだろう。

おわりに

大胆な本を大胆に書いてしまった、という気がしている。本書執筆の依頼があったとき、私は再三にわたって断ったのだが、ある事情があって、結局引き受けるはめに陥った。

断ったのには理由がある。何よりも、私は教育学者としてオーソドックスな位置にいないからである。教育社会学という分野で、若い頃は主に近代日本の社会史的な研究をやっていた。教育学全体の布置からいうと辺境のような位置だ。そこで選ぶ主題も、自分の関心のおもむくままで、教育学の主流の動きとは無縁なまま、ここまでやってきた。若い頃、大阪大学にいらした菊池城司先生(現・吉備国際大学)と親しく話をする機会があって、「教育社会学は「知のゲリラ」だ」といわれ、とても納得したことがあった。普通の教育学者が避けて通るようなテーマや見落としているような問題を、拾い上げて学問的吟味にかけるのが教育社会学の真骨頂だ、というわけである。私はその後、「知のゲリラ」のつもりでずっと仕事をしてきた。

だから、「教育学について書け」という依頼は、迷惑そのものだった。教育学批判めいたものを書いたりしゃべったりしてきたことはあるのだが、それはあくまで「自分はオーソドックスな教育学者ではない」というアイデンティティの上での仕事であった。研究の行きがかり上、教育学のスタンダードな本を読んだりしたことは少なくないが、体系性も系統性も欠いた勉強の仕方をしたにすぎない。そんな私が真正面から教育学を論じられるわけがない。

しかしながら、結局、執筆を引き受けることになった。それ自体が大胆なことだった。

当初は、戦後日本の教育学の展開をたどりながら、今後の方向をさぐってみようと思っていた。ところが、どうもメモを作り始めてみるとちっとも面白くない。どうでもよい内輪話か内ゲバの歴史のようになりそうだし、今後の方向もすっきりと論じられそうにない。見直してみるべき次元はもっと違うところにあるんじゃないか、と思うようになった。それで、これまであまり本格的に勉強してこなかった西洋教育史を、この機会に勉強し直してみようと思った。斜め読みしたまま放っておいた教育思想の本も引っぱり出して読み直してみた。図書館をうろつき、amazon. com で大量の本を買い込んで、勉強した。それで、ようやく書けそうなところまできたので、この本を書いた。西洋教育史については、はるか昔にイギリス留学中の成果を一本だけ書いた程度の私である。大胆きわまりない。

ただ、問題意識自体は、二五年も前からあったものである。数年前に亡くなられた森重雄さん(電気通信大学)が、まだ東大の助手をされていた頃、「学校焼き討ち研究会」という研究会を二人で始めた。私は博士課程の院生だった。研究会の名はトンデモな感じだが、近代教育を歴史的に相対化してみようという研究会だった(明治九年の伊勢暴動の際に学校が焼き討ちの対象になったことが、研究会の名称の由来である)。「教育」という新奇な事象が近代になって登場してきた、その奇妙さをどう研究しうるのかが主題だった。理論志向の強い森さんと、歴史的関心の強い私とがうまくかみ合って、ワクワクするような勉強会になった(なお、その研究会には、吉田文さん(現・早稲田大学)と川村肇さん(現・獨協大学)にも、途中から入っていただいた)。日本と西洋とのさまざまな歴史的な事例をもとに、「教育する」というまなざしのもつ権力性や奇妙さが議論の焦点になった。九〇年代には、教育思想史家の人たちが近代教育(学)批判を本格的にやっていくことになるのだが、森さんや私はその流れと似たようなものを感じていた、ということだろう。

森さんはその後、モダニティ論に進み、私は教育言説の考察の方向に進んだ。森さんは、ダイレクトに「近代とはどんな時代で、そこでの教育の特異な性格は何か」を理論化しようとした。剛球投手のようなやりかたである。森さんほどの理論的な素養のない私は、教育をめぐる言説のうさんくささを暴いてみせるような研究に向かった。軟投派のような方向である。

しかしながら、気がついてみると、単に揚げ足取りの批判ばかりしていてもどうにもならない状況になってきている。本流の教育学の向かう方向がはっきりしなくなり、教育学内部でのタコツボ化が進む中で、無責任な御用学者や視野の狭い個別トピックの専門家ばかりが増殖している。「学生の関心が狭い!」と一昔前には言っていたはずなのに、当の教育学者の関心が狭い事態が生じてきているのである。社会の変化にも鈍感で、社会的な使命にも無自覚な人たちが「これからの教育」を語り続けているとすると、これは大問題である。

そこで、この本の執筆を引き受けた私は、教育学について、あえて大胆に論じてみることにした。初学者の方々向けには教育学の基本的な知識を提供しつつ、教師や教育学者の方々に対しては問いをふっかけるつもりで、議論を組み立ててみた。どの程度成功しているのかは書いた本人にはわからないが、自分なりに一生懸命書いてみたつもりである。

本書の草稿段階で、今井康雄、小原一馬、下司晶、仁平典宏、堤孝晃、齋藤崇徳のみなさんに目を通してもらって、有益なコメントをいただいた。心からお礼を申し上げる。編集の坂本政謙さんには、原稿がすっかり遅れてしまったことを詫びたい。

最後になったが、本書を、故 森重雄さんに捧げたい。

二〇〇九年六月

広田照幸

広田照幸

1959年生．東京大学大学院教育学研究科博士課程修了．現在，日本大学文理学部教授．

著書に『思考のフロンティア 教育』(岩波書店，2004年)，『教育は何をなすべきか――能力・職業・市民』(岩波書店，2015年)，『教育改革のやめ方――考える教師，頼れる行政のための視点』(岩波書店，2019年)，『大学論を組み替える――新たな議論のために』(名古屋大学出版会，2019年)，『学校はなぜ退屈でなぜ大切なのか』(ちくまプリマー新書，2022年)

ヒューマニティーズ
教育学

2009年7月30日　第1刷発行
2023年4月14日　第15刷発行

著　者　広田照幸《ひろたてるゆき》

発行者　坂本政謙

発行所　株式会社 岩波書店
〒101-8002 東京都千代田区一ツ橋2-5-5
電話案内 03-5210-4000
https://www.iwanami.co.jp/

印刷・三陽社　カバー・半七印刷　製本・中永製本

ISBN 978-4-00-028324-3　　Printed in Japan